Glennyce S. Eckersley • Gary Quinn

Engel

Himmlische Boten, Heiler und Beschützer

Aus dem Englischen
von Elisabeth Liebl

Knaur
MensSana

Besuchen Sie uns im Internet: www.droemer-knaur.de
Alle Titel aus dem Bereich MensSana finden Sie im Internet
unter www.knaur-mens-sana.de

Deutsche Erstausgabe Mai 2006

Umschlaggestaltung: ZERO Werbeagentur, München
Umschlagabbildung: Maria Mascher, München
Satz: Ventura Publisher im Verlag
Druck und Bindung: GGP Media GmbH, Pößneck
Printed in Germany
ISBN-13: 978-3-426-87299-4
ISBN-10: 3-426-87299-4

2 4 5 3 1

Knaur
MensSana

Über die Autoren:

Glennyce S. Eckersley beschäftigt sich seit Jahrzehnten mit den Themen Engel und Nahtod-Erfahrungen. Sie unterrichtete am New Church Theological College in Manchester, bevor sie sich ausschließlich ihren Büchern widmete. Sie hat fünf Bestseller geschrieben, die in mehrere Sprachen übersetzt wurden. Sie tritt regelmäßig im britischen Radio und Fernsehen auf und hält weltweit Vorträge. Glennyce S. Eckersley lebt in Manchester.

Gary Quinn arbeitet als spiritueller Berater und hat das Institut *Our Living Center* gegründet. Er ist Motivationstrainer und veranstaltet Seminare in aller Welt. Gary Quinn tritt regelmäßig in den britischen und amerikanischen Medien auf und hat zwei Bestseller zum Thema Engel geschrieben. Er lebt in Los Angeles.

Als Kinder glauben wir an Engel, wir glauben an Wunder. Wir nehmen vieles wahr und können uns an den kleinsten Dingen erfreuen. Dann aber hören wir auf, an Engel, Wunder und uns selbst zu glauben. Dieses Buch zeigt uns, wie wir unsere Engel für immer bei uns behalten können.

Nastassja Kinski

Inhalt

All den Engeln gewidmet,
die uns mit ihren göttlichen Energien segnen,
die Körper, Geist und Seele mit neuem Leben erfüllen,
die uns Liebe lehren, Mitgefühl und Integrität,
auf dass wir und die Erde gesunden.

Einführung

Engel in aller Welt

Wer hätte noch nicht von Engeln gehört, jenen wunderbaren himmlischen Geschöpfen, die uns göttliche Botschaft bringen, uns warnen vor drohenden Gefahren und uns heilen und trösten in Zeiten des Leids? Jenen Wesen, die einigen wenigen unter uns Erleuchtung schenken. Seit Jahrhunderten strebt der erdgebundene Mensch danach, sich zu erheben und höhere Welten und Dimensionen zu erlangen. Daher hat ihn die Vorstellung von den Engeln seit jeher fasziniert. Auf der ganzen Welt sprechen die Menschen von Engeln, schreiben Gedichte über sie und singen Lieder über die himmlischen Boten. Maler haben sie auf die Leinwand gebannt, Bildhauer in Bronze gegossen. Nahezu jede große religiöse Strömung kennt solche geflügelten Himmelswesen. Mögen alte Kulturen und native Völker andere Namen für sie haben, so besitzen sie doch fast alle Abbildungen von Engeln.

Wenn wir die Geschichte nach Berichten über Engel durchforschen, stellen wir schnell fest, dass sie sich in schweren Zeiten wie Krieg, religiösen Wirren, Naturkatastrophen oder Seuchen deutlich mehren. Die Menschen wenden sich Gott und Seinen Engeln zu, wenn sie zu leiden haben.

Die alten Kulturen glaubten vorbehaltlos an die Existenz von Engeln. Doch mit zunehmender wirtschaftlicher und technologischer Entwicklung steht der Mensch geistigen Einflüssen in seinem Leben immer skeptischer gegenüber. Dies gilt vor allem für das letzte Jahrhundert, in dem Wissenschaft und Materialismus ihr diktatorisches Zepter über unserem Herzen und unserer Seele schwangen. Man konnte beinahe den Eindruck gewinnen, als wäre die westliche Zivilisation in spiritueller Hinsicht vom Weg abgekommen: als hätten wir die Fähigkeit verloren, uns auf eine höhere Quelle zurückzubesinnen. Doch im neuen Jahrtausend scheint das Interesse an allen Aspekten der Spiritualität wieder aufzuflammen. Mittlerweile sprechen Menschen ganz offen über ihre Engelerfahrungen.

Freilich ist gerade in unseren Tagen das Bild der Engel verfälscht von all dem Zuckerguss, mit dem die Menschheit es überzogen hat. Als handelte es sich bei den Engeln um putzige Flattergeister, die auf Christbaumspitzen gewagte Pirouetten drehen. Solche Vorstellungen werden der wahren Natur der Engel nicht gerecht. Wie Sie auf den folgenden Seiten erfahren werden, können Engel uns auf ganz unterschiedliche Weise begegnen: Manchmal haben sie die Gestalt von gewöhnlichen Menschen, dann wieder zeigen sie sich in ihrer ganzen ehrfurchtgebietenden Pracht. Und ihr Fuß berührt keineswegs nur himmlischen »Boden«. Engel können uns auch im Alltag begegnen. Sie wählen immer jene Erscheinungsform, die der Situation angemessen ist, mit anderen Worten: jene, die uns am meisten hilft.

Wie können Engel uns helfen?

Für dieses Buch haben wir, die Autoren Glennyce und Gary, uns zusammengetan, um Ihnen zu zeigen, wie Sie eine ganz persönliche Verbindung zu den Engeln aufbauen können. Wir beide lassen uns schon seit Jahren von Engeln inspirieren. Jeder von uns hat seine ganz persönliche Beziehung zu ihnen. Glennyce hat sich über zehn Jahre lang mit Engeln und anderen geistigen Phänomenen beschäftigt. Sie wird Ihnen über wundervolle Engelbegegnungen rund um den Erdball erzählen. Gary hingegen zeigt Ihnen, wie Sie praktisch Kontakt mit den Engeln aufnehmen können. Er erläutert, mit welchen spirituellen Übungen Sie das Gespräch mit den himmlischen Wesen suchen und Ihre spirituelle Wahrnehmung stärken können.

Engel besteht aus sieben Kapiteln. Jedes beschreibt eine bestimmte Art von Engelenergie. In den Geschichten dieses Buches erfahren Sie, wie Engel anderen Menschen geholfen haben und wie Sie die Zeichen erkennen, die von der Präsenz der Engel zeugen. Segenssprüche und Affirmationen schaffen in Ihnen die Bereitschaft, sich

den himmlischen Wesen zu öffnen und ihre Hilfe anzunehmen.
In jedem Kapitel finden Sie *Himmlische Schlüssel*, mit deren Hilfe Sie Ihre Wahrnehmung stärken und Ihre Energien ausbalancieren können. Die *Himmlischen Schlüssel* können Ihr Leben verändern. Sie öffnen Türen, die Sie nur noch durchschreiten müssen: von der Angst zur Liebe. Auf diesem Weg lernen Sie, alles loszulassen, was Sie von der höheren Liebe trennt. Bis Sie begriffen haben, dass Sie selbst der vollkommene Ausdruck grenzenloser Weisheit sind.

Ein paar Tipps für den Anfang

Wie Sie aus den Geschichten dieses Buches erkennen werden, vermag die Gegenwart der Engel Sie zu schützen, zu leiten und Ihre Verbindung zur höheren Quelle zu stärken. Was immer auch Ihr Alter oder Ihre Herkunft sein mögen, die Engel warten nur darauf, Ihnen zu helfen. Ob Sie nun Hilfe im Beruf, in der Partnerschaft oder in Gesundheitsdingen brauchen, Ihre geistigen Führer stehen immer bereit, wenn Sie nur lernen, auf Ihre innere Stimme zu hören. Dies ist überhaupt der Generalschlüssel, der alle Türen aufschließt. Eine positive Einstellung und die Bereitschaft zur Veränderung sind gerade am Anfang unverzichtbar. Wenn Sie Ihre alten Denk- und Verhaltensmuster von innen her verändern und Ihre

Energie auf positive Weise neu ausrichten, werden Sie augenblicklich Veränderungen in Ihrem Leben erfahren. Doch kann dies nur geschehen, wenn Sie diesem Prozess vertrauen und ihn nicht blockieren.

Es folgt eine Kurzanleitung, wie Sie sich auf Ihre innere Stimme einstellen und ersten Kontakt zu Ihren Engeln aufnehmen können:

Schritt 1: Suchen Sie sich einen ruhigen Ort, an dem Sie ungestört sind. Setzen Sie sich bequem hin. Lassen Sie Ihren Geist zur Ruhe kommen. Unangenehme Gedanken lassen Sie einfach vorübergehen. Entspannen Sie Ihren Körper.

Schritt 2: Atmen Sie einige Male tief ein und aus. Nun rufen Sie Ihre Engelshelfer: »Ich rufe meine höheren Engel herbei, die mich schützen und leiten sollen.« Wiederholen Sie dies einige Male.

Schritt 3: Richten Sie Ihren Blick auf Ihre Hände. Heißen Sie die Engel in Ihrem Körper und Geist willkommen.

Schritt 4: Nun formulieren Sie im Geist eine klare Frage, auf die Sie eine Antwort haben möchten. Warten Sie, was Ihnen in den Sinn kommt. Ihre Engel werden Ihnen die bestmögliche Antwort zuteil werden lassen.

Affirmationen, Gebete und Segenssprüche

Auch einfache Affirmationen, Gebete und Segenssprüche können den Kontakt zu Ihren Engeln herstellen. Durch das Wiederholen der Affirmationen stärken Sie das Band zu den Engeln. Gebete tragen Ihre innersten Gedanken und Gefühle zu ihnen, während Segenssprüche den Segen der Engel in Ihrem eigenen Leben oder in dem anderer fühlbar werden lassen. In einigen Segenssprüchen werden Sie auf den Begriff »lebendige Wasser« stoßen. Damit ist der stete Energiefluss gemeint, der dieses Universum durchpulst. Er hilft uns, die Welt und uns selbst zu verändern.
Schreiben Sie ruhig einige der Affirmationen, Gebete oder Segenssprüche heraus und tragen Sie diese immer bei sich, sodass Sie diese Kärtchen stets zur Hand haben, wenn Sie sie brauchen. In diesem Buch finden Sie eine beträchtliche Anzahl solcher »Formeln«, doch gleich zu Beginn möchten wir Ihnen einige vorstellen, die gerade für eine erste Begegnung mit unseren Engeln sehr hilfreich sind:

Affirmation zur Einstimmung auf die Engel

Jeder Augenblick ist ein neuer Anfang.
Mein Engel des Rates schenkt mir
eine klare Sicht der Dinge.

Gebet um Schutz

Durch den Herrn bitte ich um den ewigen Schutz
der himmlischen Schar.
Mögen sie durch mich in die Welt treten.

Segensspruch für uns selbst und andere

Möge der Segen des Lichts mit dir sein.
Möge diese Engelskraft dein Herz erleuchten
und dir vollkommenen inneren Frieden bringen.

Die tägliche Praxis dieser drei Techniken wird Ihnen unweigerlich den Weg zu den Engeln öffnen.

Viel Glück!

Wir hoffen, dass dieses Buch Ihnen ebenso viel Freude schenkt, wie wir erfahren durften, als wir unsere Erfahrungen und unser Wissen mit Ihnen zu teilen versuchten. Und wir sind sicher, dass Sie, lange nachdem Sie dieses Buch zur Seite gelegt haben, immer noch die wundervolle Entdeckungsreise an der Seite Ihres persönlichen Engels genießen werden.

KAPITEL 1

Die Engel des Rates

In diesem Kapitel werden wir entdecken, dass die Engel immer da sind, um uns zu raten und zu helfen, ob uns dies nun bewusst ist oder nicht. Sie können in Gestalt eines ganz gewöhnlichen Menschen im Straßenanzug auf uns zukommen. Oder sie arrangieren eine Reihe von »glücklichen Zufällen«, die uns den Tag retten. Sie flüstern als »innere Stimme« in unserem Herzen oder machen sich als Drang bemerkbar, etwas ganz Bestimmtes zu tun. In solchen Fällen sind die Engel der Intuition am Werk. Welchen Weg die himmlischen Helfer auch immer wählen mögen, am Ende wissen die Menschen, denen geholfen wurde, dass ihnen wahrlich und wahrhaftig ein Engel zur Seite stand.

Der Besuch

Als Emily in der kleinen, geschäftigen Stadt ankam, schlug ihr das Herz vor Aufregung bis zum Halse. Dies sollte ein ganz besonderer Tag werden: Sie würde eine alte, liebe Freundin nach langen Jahren wiedersehen. Wie verabredet wartete Emily am Kirchturm und suchte mit den Augen unablässig in der vorüberströmenden Menschenmenge nach ihrer Freundin. Sie war ein wenig zu früh da, und so begann sie, sich all die wunderbaren Dinge ins Gedächtnis zu rufen, die sie als Kinder miteinander erlebt hatten. Nun waren beide beinahe achtzig Jahre alt, und für Emily war es sehr wichtig, Margaret noch einmal wiederzusehen, bevor Emilys tödliche Krankheit sie ein für alle Mal ans Bett fesseln würde. Sie beschloss, Margaret nichts von ihrer Krankheit zu erzählen, weil sie den Tag nicht verderben wollte. Dieser letzte Besuch bei ihrer Freundin sollte glücklich und freudvoll verlaufen.

Die Minuten vergingen, und schließlich merkte Emily, dass sie schon eine ganze Stunde dastand. Sie begann sich Sorgen zu machen und überlegte, aus welchem Grund wohl ihre Freundin sich so sehr verspätet hatte. Es war viele Jahre her, seit sie beide zum letzten Mal in der kleinen Stadt gewesen waren. Vielleicht wartete sie am falschen Ort? Tatsächlich hatte die Stadt ihr Gesicht stark verändert, seit sie zum letzten Mal hier gewesen waren. Oder war ihre Freundin etwa krank geworden und hatte keine Gelegenheit mehr gehabt, ihr Bescheid zu geben? Mittlerweile war Emily wirklich müde und kämpfte mit den Tränen.

Wie aus dem Nichts tauchte da eine hübsche junge Frau auf und fragte Emily, ob sie ihr vielleicht helfen könne. Emily erklärte der Dame die Situation. Diese nickte nur und sagte: »Warten Sie hier noch einen Augenblick. Ich werde Ihre Freundin finden.« Emily sah zu, wie die junge Frau sich entfernte. Einmal mehr war sie von ihrer unglaublichen Schönheit beeindruckt. Sie hatte ein zartes Gesicht, tiefblaue Augen und sehr langes, blondes Haar. Kaum eine Minute später tauchte die junge Frau wieder auf – mit Margaret an ihrer Seite! Tränen flossen, als die Freundinnen einander in die Arme fielen. Als sie beide sich umdrehten und der jungen Frau danken wollten, mussten sie jedoch feststellen, dass sie bereits verschwunden war. Schnell kamen die beiden Damen dahinter, dass Margaret an der falschen Stelle gewartet hatte, doch wie in aller Welt konnte die junge Frau wissen, wo Margaret war? Emily hatte ihre Freundin nicht beschrieben, und natürlich wusste sie auch nicht, an welcher Stelle des überfüllten Marktplatzes Margaret auf sie wartete. So kamen Emily und Margaret überein, dass die junge Dame ein Engel des Rates gewesen sein musste, der gekommen war, damit sie sich noch einmal sehen sollten.

Engelsegen

Oh ihr himmlischen Engel,
ich öffne die Tore der Fülle und des Rates.
Mein Herz singt mit den lebendigen Wassern.
Frieden singt mein Herz.
Mögen eure Führung und euer Rat meine Seele
mit Liebe erfüllen.

Joshs großes Abenteuer

Der Tag war so schön gewesen! Carol und Barbara hatten sich mit einer Shopping-Runde in der Innenstadt verwöhnt. Dann hatten sie miteinander gegessen und ihr Zusammensein in vollen Zügen genossen. Danach machten sie sich wieder auf ins Einkaufsgetümmel. Am Nachmittag meinten sie lachend, dass sie nun wohl eindeutig alt geworden seien, empfanden sie doch beide mit einem Mal das dringende Bedürfnis, sich irgendwo in Ruhe niederzulassen und ein Tässchen Kaffee zu trinken. Erstaunlicherweise gab es in ihrem Lieblingscafé keinen Platz mehr. Und nicht nur dort. Auch die anderen Cafés in der Innenstadt waren total überfüllt. Also beschlossen sie, nach Hause zu fahren und dort Kaffee zu trinken. Als sie schon auf dem Heimweg waren, fiel Barbara plötzlich ein, dass sie das Wichtigste vergessen hatte: Sie brauchte unbedingt noch Brot. Sie würden also einen Umweg machen müssen, um im Dorf noch Brot zu kaufen. Als Carol ihren Mann anrief, um ihn zu fragen, ob er vielleicht etwas aus dem Dorf brauche, stellte sie überrascht fest, dass ihr Handy nicht funktionierte. Also borgte sie sich das Mobiltelefon ihrer Freundin, doch auch dieses schien gerade den Geist aufgegeben zu haben! Beide fanden dies höchst merkwürdig. Dann bogen sie in eine Seitenstraße ein, um ins Dorf zu fahren. Auf der Straße war kaum Verkehr, doch Carol glaubte ihren Augen nicht zu trauen, als sie am Straßenrand ihren neunjährigen Sohn Josh auf sich zukommen

sah. »Halt an!«, rief sie Barbara zu. »Ich muss sofort zu ihm.«
Josh ist kein gewöhnliches Kind. Er ist Autist und hat daher keinerlei Gespür für mögliche Gefahren. Da Josh nie allein nach draußen durfte, war Carol fassungslos, ihn hier zu sehen – ganz allein auf der Straße und weit weg von zu Hause. Munter steuerte er auf die belebte Schnellstraße zu. Als er seine Mutter sah, begann er zu laufen. Offenkundig dachte er, sie wolle mit ihm Fangen spielen. An der Kreuzung aber hielt er inne und drückte an der Ampel den Knopf, damit das Licht auf Grün umschaltete, was er noch nie getan hatte. Schließlich hatte die atemlose Carol ihn eingeholt und führte ihn sanft zum Wagen zurück. Dann fuhren sie zu dritt schleunigst zu Carol nach Hause. Dort erklärte Carols Ehemann, dem beim Anblick von Josh ein Stein vom Herzen fiel, was geschehen war: Am frühen Nachmittag hatte er Josh zum Eisessen mitgenommen. Als er den Wagen schon angelassen hatte, war ihm eingefallen, dass er seine Geldbörse vergessen hatte. Er lief ins Haus zurück und kam nach ein paar Sekunden wieder – nur um zu sehen, dass Josh verschwunden war. Er suchte überall nach seinem Sohn, konnte ihn jedoch nicht finden. So rief er zwanzig Minuten später die Polizei zu Hilfe.
Carol fasste zusammen, wie die Dinge sich wohl abgespielt hatten: Ihr Sohn war mehrere Meilen gelaufen. Er hatte dabei eine Eisenbahnlinie überquert und war über die Brücke marschiert, ohne zu versuchen, zu den Zügen zu gelangen, was er eigentlich immer tat, weil er Züge liebte. Er hatte einen großen, tiefen Teich umrundet, der

für ihn ebenfalls eine große Gefahr darstellte, und hatte zahlreiche Straßen überquert, unter anderem eine stark befahrene Stelle mit Kreisverkehr und ohne Fußgängerübergang. Das war ein kleines Wunder. Dann rief sie sich ins Gedächtnis, wie ihr Tag verlaufen war: Hätten sie einen Platz im Café gefunden, wären sie mindestens eine Stunde später nach Hause gekommen und hätten Josh verpasst. Dasselbe wäre geschehen, wenn sie keinen Abstecher zum Dorf gemacht hätten. Hätten die Handys funktioniert, hätten sie und Barbara erfahren, dass Josh vermisst wurde, und wären sicher sofort nach Hause gefahren, ohne den Weg übers Dorf zu nehmen. Auch in diesem Fall wären sie dem Jungen nicht begegnet.

Carol war schon seit längerer Zeit der Auffassung, dass Josh einen ganz besonderen Schutzengel hatte. Dass er dieses große Abenteuer unbeschadet überstand, hat sie in diesem Glauben nur bestärkt.

Engel-Affirmationen

Ich bin offen für meine Schutzengel.
Meine Engel geleiten und beschützen mich.
Ich vertraue fest darauf, dass mein Engel des Rates nur Wunder in mein Leben ruft.

Wenn alles andere fehlschlägt!

Jeder Mensch, der schon einmal eine richtige Prüfung abgelegt hat, wird sich in Marias Lage versetzen können. Am Tag zuvor scheint auch nicht mehr die kleinste Information ins Hirn zu passen, und doch verspürt man den unbezwingbaren Drang, mehr und noch mehr zu lernen. Maria lebt in Moskau. Sie schrieb mir, dass sie schon immer das Gefühl habe, die Engel seien ihr sehr nahe und geleiteten sie durch das Leben. Doch niemals sei dieses Gefühl so stark gewesen wie an dem Tag, als sie ihr Abschlussexamen als Informatikerin ablegen sollte. Am Abend vor ihrer mündlichen Prüfung war Maria verständlicherweise nervös, schließlich war dieses Examen von entscheidender Bedeutung für ihre spätere berufliche Laufbahn. Sie würde einen Vortrag halten und sich dann den Fragen der Prüfer stellen müssen. Es wurde Mitternacht, und Maria fühlte sich vollkommen erschöpft und ausgelaugt. Sie hatte zwar jeden Aspekt ihres Vortrags im Kopf, doch vor den Fragen hatte sie Angst, denn es konnten auch Themen geprüft werden, in denen sie nicht so fit war, wie sie sich das gewünscht hätte. Verzweifelt fiel sie weit nach Mitternacht ins Bett. Vor ihrem geistigen Auge sah sie sich bereits scheitern. Aber ihre Erschöpfung war größer als ihre Angst, und so fiel sie in einen unruhigen Schlaf, sobald ihr Kopf aufs Kissen sank.

Und doch spürte sie im Zustand zwischen Wachen und Schlafen den Drang, noch einmal aufzustehen. Irgendetwas sagte ihr, sie solle sich erheben, ihren Computer einschalten und eine bestimmte Datei öffnen. Sie war so müde, dass sie kaum einen Fuß vor den anderen setzen konnte. Daher musste sie all ihre Willenskraft mobilisieren, um aus dem Bett zu kommen. »Lächerlich!«, spottete sie über sich selbst. Trotzdem stand sie auf, schaltete den Computer ein und suchte die Datei. Dabei hatte sie das merkwürdige Gefühl, dass nicht sie selbst ihre Hand bewegte. Eine andere Kraft trieb sie an. Merkwürdigerweise öffnete die Datei sich auch nicht am Anfang des Textes, sondern irgendwo in der Mitte, was an sich schon seltsam ist. Maria begann zu lesen. Tatsächlich hatte sie diesen Abschnitt ihres Vortrags als nicht so wichtig betrachtet und ihm dementsprechend wenig Aufmerksamkeit geschenkt. Sie las die Stelle nochmals durch, machte den Computer aus und schalt sich eine Närrin.

Ihr Vortrag lief gut. Schließlich kamen die Prüfer zu den Punkten, die sie noch ausführlicher erläutern sollte, und stellten ihr diesbezügliche Fragen. Überrascht stellte Maria fest, dass gleich die erste Frage jenen Absatz betraf, den sie so spät in der Nacht noch einmal gelesen hatte. Sie erinnerte sich noch an jedes Detail und konnte die Frage daher ausführlich und ohne Zögern beantworten. Sie glaubt heute noch, dass dies der entscheidende Schritt zum Erfolg war. Bis heute ist sie der festen Überzeugung, dass es die Engel waren, die sie in jener Nacht leiteten und ihr so durchs Examen halfen.

Wir Menschen besitzen einen freien Willen. Daher steht es uns frei, unsere innere Stimme zu ignorieren. Auch Maria hätte dies tun können. In diesem Fall hätte sie die Hilfe ihres Engels nie erfahren. Daher wollen wir, bevor wir zur ersten Übung in diesem Kapitel kommen, ein wenig über die folgenden weisen Worte nachdenken:

Ich glaube, dass wir innerhalb bestimmter Grenzen frei sind. Und doch ist da eine unsichtbare Hand, ein Engel, der uns führt und – wie eine Schiffsschraube unter der Wasseroberfläche – unser Handeln antreibt.

Rabindranath Tagore

Engelmeditation

Setzen oder legen Sie sich in einem abgedunkelten Raum bequem hin. Visualisieren Sie sich selbst – umgeben von einer Wolke weißer Lichtenergie. Öffnen Sie Ihr Herz und Ihren Geist. Laden Sie Ihren Schutzengel ein. Wenn Ihr Schutzengel kommt, sei es nun in Gestalt einer visuellen Wahrnehmung oder als bestimmtes Gefühl, rufen Sie ihn an und heißen Sie ihn willkommen.

Öffnen Sie Ihr Herz. Lassen Sie zu, dass die Schwingungen des Engels Ihren gesamten Körper durchdringen. Sprechen Sie zu Ihrem Engel. Achten Sie darauf, wie seine Energie Ihre Gedanken und Gefühle verändert.

Wiederholen Sie still für sich folgendes Gebet:

Mein Herz singt vor Liebe für meinen Engel des Rates.

Öffnen Sie sich der Engelsenergie, sodass sie Ihr gesamtes Sein durchdringt. Wenn Sie das Gefühl haben, dass die Meditation zu Ende ist, danken Sie Ihrem geistigen Führer und gleiten Sie zurück ins Bewusstsein der Außenwelt.

Engel im Gewittersturm

Das war eine ziemlich anstrengende Woche gewesen, dachte John, als er den Weg nach Hause einschlug. Viele Stunden hatte er gearbeitet, noch mehr aber im Auto verbracht. Nun hatte er wirklich Sehnsucht nach Frau und Kindern. Leider erschwerte die Witterung ihm das Vorwärtskommen: Heftiger Regen hatte eingesetzt und mit ihm Blitz und Donner. Doch John ließ sich nicht beeindrucken, hatte er doch nur noch ein paar Meilen zu fahren. Als er sich jedoch der Weggabelung näherte, die ihm anzeigte, dass er nur noch etwa zwei Meilen von zu Hause entfernt war, zuckte ein gewaltiger Blitz über den Nachthimmel, gefolgt von einem enormen Donnerschlag. John fuhr langsam auf die Abzweigung zu und stellte zu seinem Ärger fest, dass der Blitz einen Baum gefällt hatte, der nun quer über der Straße lag. Verärgert polterte er drauflos: Es gab keine Möglichkeit, dieses Hindernis irgendwie zu umgehen. Er musste weiter auf dem anderen Weg bleiben, was bedeutete, dass er in weitem Bogen um sein Haus herumfahren und einen Umweg von fünf Meilen in Kauf nehmen musste.

Schließlich sah er die erleuchteten Fenster seines Hauses vor sich. Er war in Sicherheit und höchst erleichtert, endlich wieder bei seiner Familie zu sein. Beim Abendbrot erzählte er seiner Frau von dem umgestürzten Baum. Lächelnd hörte er zu, als sie sagte: »Die Engel haben dich beschützt. Einen halben Meter mehr und der Baum wäre auf deinen Wagen gestürzt!« Nun ja, so Unrecht hatte sie nicht, gestand er sich heimlich ein. Vielleicht hatte er ja wirklich Glück gehabt.

Am nächsten Morgen schwirrte das Dorf nur so von den vielen Geschichten über die Schäden, die das große Gewitter angerichtet hatte. Am schlimmsten aber, so hieß es, habe es die Straße zum Dorf getroffen. Arbeiter hatten den gesamten Bereich für den Verkehr gesperrt. Scheinbar hatte der Regen letzte Nacht die Straße unterspült. Mitten im Asphalt gähnte ein riesiges, regengefülltes Loch. Die Straße konnte während der gesamten Dauer der kostspieligen Reparaturarbeiten nicht benutzt werden. Als John davon erfuhr, lief ihm ein kalter Schauer über den Rücken. Hätte der Baum ihm nicht den Weg versperrt, wäre er mit absoluter Sicherheit in das Loch gestürzt. Wer konnte schon wissen, was dann geschehen wäre? Seine Frau umarmte ihn fest.

»Glaubst du jetzt an Engel?«, fragte sie.

»Darauf kannst du wetten!«, antwortete John.

Lass dein Inneres scheinen wie den Strahl eines Leuchtturms, der dem Reisenden mit dem Licht der Liebe den Weg nach Hause weist.

William Swinfield Thaw

Engelgebet

Mögen die Engel mich mit göttlicher Liebe geleiten.
Ich weiß, dass die göttliche Führung über mir wacht
und meinen Weg klar vor mir aufscheinen lässt.
Nun bin ich geistig wiedergeboren
und bringe göttliches Licht, Liebe und Wahrheit
in all meine Erfahrungen.

Der innere Engel

Vor dem Lärm der großen Stadt flüchten Connie und David am liebsten in ihr Sommerhaus. Dann verschwindet Philadelphia allmählich hinter ihnen, während vor ihnen die Aussicht auf einen langen, gemütlichen Aufenthalt auf dem Land liegt. Eben bei solch einem Aufenthalt wurden sie eines Morgens vom Lärm der Motorsägen und fallender Bäume geweckt. Die Ruhe war dahin. Trotzdem versuchten Connie und David, auf der Veranda zu frühstücken. Plötzlich stand Connie ohne jeden erkennbaren Grund auf und ging nach hinten in den Garten. Ihr Mann war verblüfft. Es war sonst gar nicht Connies Art, ihn mitten im Satz einfach stehen zu lassen. Das kam ihm doch recht merkwürdig vor.

Doch hinten im Garten angekommen, bot sich Connie ein schrecklicher Anblick. Jenseits des Zaunes auf dem angrenzenden Grundstück sah sie ihre Nachbarin, Barbara, mit dem Gesicht nach unten im Teich liegen. Intuitiv erfasste Connie, was passiert sein musste. Barbara hatte im Jahr zuvor ihren Mann verloren und eine sehr schwierige Zeit durchgemacht. Sie vermisste ihn schrecklich und fühlte sich meist deprimiert und einsam. Sie hatte ihren Appetit verloren und konnte kaum noch schlafen. Aus diesem Grund war sie körperlich sehr geschwächt. Connie konnte sehen, wie Barbara verzweifelt versuchte, sich irgendwo festzuhalten, was ihr aber nicht gelang. Die Situation war mehr als gefährlich. Verzweifelt rief Connie nach ihrem Mann, der Barbara helfen sollte, doch dieser konnte sie wegen der Motorsägen nicht hören. Also stieg Connie selbst in den Teich, packte ihre Nachbarin unter den Armen und zog sie mit aller Kraft an den Rand des Teiches.

Es dauerte eine Weile, bis Barbara aufhörte zu husten und zu zittern. Als sie ruhiger geworden war, erzählte sie Connie, was geschehen war. Anscheinend war sie ausgerutscht und in den Teich gestürzt. Dieser war zwar nicht besonders tief, doch der Grund war vollkommen von Algen überwuchert, sodass sie weder mit Händen noch Füßen festen Halt fand. Da sie so schwach war, schaffte sie es einfach nicht, ihren Kopf über Wasser zu heben, sodass sie sicher ertrunken wäre, wäre Connie ihr nicht zu Hilfe geeilt.

»Aber wie konnten Sie ahnen, dass ich mich in solcher Gefahr befand?«, fragte Barbara. Connie wusste darauf keine Antwort. Wie im Traum hatte sie einfach nur einen plötzlichen Drang verspürt, aufzustehen und in den Garten zu gehen. Auch David bestätigte, dass es ihm komisch vorgekommen war, als Connie so ohne ein Wort einfach aufstand und wegging. Connie bekommt heute noch eine Gänsehaut, wenn sie an den Unfall denkt, bei dem Barbara fast gestorben wäre. Sie ist der festen Überzeugung, dass dies ein Zeichen sei, dass Gott über Barbara wache und ihr in ihrer Bedrängnis Connies inneren Engel zu Hilfe geschickt habe.

Ich werde dorthin gehen, wohin die Natur mich führt.
Ich werde mein Zutrauen in eine höhere Macht setzen.
Ich werde von der Liebe geschützt und geleitet werden.

Anonym

Wenn wir, wie Connie es tat, auf unsere innere Stimme hören und der Liebe vertrauen, die wir für andere in unserem Herzen tragen, wird unser Engels-Instinkt uns auf all unseren Wegen geleiten.

Wie Sie das Licht nach innen lenken

Ihr Schutzengel wird Ihnen niemals Befehle erteilen. Er wird Ihnen nur Informationen anbieten und Lösungsmöglichkeiten aufzeigen. Und auch diese werden nicht auf direktem Weg, sondern durch Zeichen, Empfindungen oder Lichtenergien zu Ihnen kommen.
Um Ihren Schutzengel anzurufen, sollten Sie dreimal laut sagen:

Schutzengel des Rates, komm zu mir.
Ich rufe meinen geistigen Führer
um vollkommenen Schutz an.

Janes Engel

Es war ein langer, heißer Tag gewesen, und Jane fühlte sich sehr ausgelaugt. Ihr Beruf verlangte ihr im Moment sehr viel ab, obwohl sie als Anwältin eigentlich ganz glücklich war. In den letzten beiden Wochen hatte sie zudem noch Abend für Abend auf dem Heimweg im Hospiz vorbeigesehen, wo sich ihre geliebte Großmutter aufhielt. Jane hatte ihrer Großmutter zeit ihres Lebens sehr nahe gestanden und hing sehr an ihr. Diese Beziehung beruhte auf Gegenseitigkeit. Die alte Dame lebte immer regelrecht auf, wenn Jane kam. Doch ihre Zeit schien dem Ende zuzugehen. Jeder in der Familie wusste, dass Großmutter vermutlich nicht mehr lange bei ihnen sein würde. An diesem besonderen Abend aber wirkte ihre Großmutter auf Jane noch zerbrechlicher als sonst, obwohl sie ihr ein liebevolles Lächeln zuwarf, als sie durch die Tür trat. Als sie die alte Dame verließ, war Jane den Tränen nahe und fühlte sich erst wieder ein wenig getröstet, als sie den Wagen ihrer Eltern die Hospizauffahrt herauffahren sah.

Es war wunderbar, endlich zu Hause zu sein. Jane nahm einen leichten Imbiss ein und setzte sich dann mit einem

Glas Wein in den Garten, um sich zu entspannen. Einen kurzen Moment lang dachte sie daran, dass sie im Leben wirklich Glück hatte: Sie war in einem glücklichen Haus aufgewachsen, und ihre Großmutter hatte sie stets unterstützt. Nun hatte sie einen Beruf, den sie liebte, und ein eigenes kleines Haus, das ihr ein unabhängiges Leben ermöglichte. Als es allmählich dunkel wurde, wollte Jane schon hineingehen, hatte sie sich doch vorgenommen, heute früh schlafen zu gehen. Der morgige Tag würde ebenso schwer werden wie der heutige. Dann aber sah sie nur wenige Schritte entfernt ein Licht in ihrem Garten. Ungläubig starrte sie es an, während es immer stärker und stärker wurde: Inmitten der strahlenden Lichtsäule stand ein ausgewachsener Engel! Jane rieb sich die Augen. Sie konnte einfach nicht begreifen, was sich da vor ihr abspielte. Der Engel aber war immer deutlicher zu sehen. Jane konnte seine Züge, die ihr androgyn erschienen, klar erkennen. Kein Wort, kein Laut, keine Musik begleiteten diese Vision, und schließlich begann das strahlende Bild allmählich zu verblassen. Da sprang Jane mit einem Mal auf. Sie hatte begriffen: Großmutter brauchte sie. Augenblicklich schnappte sie sich die Autoschlüssel, stürzte zu ihrem Wagen und fuhr auf schnellstem Wege ins Hospiz.
In der Eingangshalle stand ihre Mutter am Telefon. Mit einem Seufzer der Erleichterung winkte sie Jane zu sich. »Ich wollte dich gerade anrufen. Großmama liegt im Sterben. Wir wussten, dass du gerne dabei sein würdest.«
Und so ging Jane ins Zimmer ihrer Großmutter, setzte sich neben sie und ergriff ihre Hand. Die alte Dame

drückte ihr die Hand, ohne die Augen zu öffnen. »Ich bin's, Großmama«, sagte Jane und spürte, wie ihre Hand nochmals gedrückt wurde. Großmutter wusste, dass ihre Enkelin bei ihr war. Innerhalb von Minuten verabschiedete die alte Dame sich in ihr nächstes Leben. Erst sehr viel später wurde Jane klar, was in dieser Nacht tatsächlich geschehen war. Ein Engel hatte sie herbeigerufen, damit sie ihrer Großmutter in den letzten Augenblicken ihres irdischen Daseins beistand. »Was für eine Ehre, was für ein Segen, solch eine Erfahrung machen zu dürfen!«, sagte Jane laut. Sie wusste, dass sie diesen Augenblick ihr ganzes Leben lang nicht vergessen würde.

Engel sind da, um uns durchs Leben zu geleiten. Vielleicht hat nicht jeder von uns so klare und eindeutige Erlebnisse wie die, die hier berichtet wurden, doch uns allen ist geistige Führung jederzeit zugänglich. Wir müssen uns nur den Zeichen öffnen, die häufig sehr subtil sind. Wenn wir jedoch wirklich glauben, dann werden die Engel sich in unserem Leben bemerkbar machen und uns ihr Geleit schenken.

Engelsegen

Möge stets das Licht des Segens auf Ihnen ruhen,
Sie ganz umgeben und behüten.

KAPITEL 2

Die Engel der Heilung

Es gibt zahllose Geschichten über Engel, die Menschen in Krisensituationen und bei Gesundheitsproblemen Heilung schenkten. Die Engel können uns lehren, wie wir Zugang zu ihren Heilkräften und ihrer geistigen Führung finden. Wenn Sie allmählich angefangen haben, Ihren Engeln zu vertrauen, können Sie auch deren Heilkräfte für sich und andere nutzen. Auch dies heißt nichts anderes, als Ihre himmlischen Führer um Hilfe und Beistand zu bitten.

Obwohl viele Menschen recht schnell eindeutige Resultate erfahren, wenn sie mit Engeln arbeiten, stellen wir Ihnen hier eine Übung vor, die Sie so lange machen sollten, bis sie Ihnen in Fleisch und Blut übergegangen ist. Kontakt zu den Engeln zu finden ist letztlich ganz einfach: Geben Sie nicht auf! Irgendwann wird Ihr Verstand mit der spirituellen Seite Ihres Selbst zusammenarbeiten. Sobald Sie den Kontakt zu den Engeln hergestellt haben und in der Lage sind, ein klares Ziel zu formulieren, werden Sie Resultate sehen. Bleiben Sie also beharrlich.

Wenn das Leben uns mit Krisen konfrontiert, reagieren wir häufig mit tiefer Niedergeschlagenheit, wodurch wir automatisch offener werden für die göttlichen »Einflüsterungen«. Allein die Tatsache, dass wir uns innerlich vollkommen leer fühlen und wir so außerordentlich erschöpft sind, macht uns bereit, Hilfe zu empfangen und anzunehmen. In diesem Augenblick ist der Weg für die Engel frei – wie bei Edna in der folgenden Geschichte.

Ein Herz bricht

Es ist nicht ungewöhnlich, dass Menschen, die eine Engelerfahrung gemacht haben, dies jahrelang für sich behalten. Dafür gibt es viele Ursachen. Der Hauptgrund ist wohl, dass viele Angst haben, sich dem Spott der Umwelt auszusetzen. Es mag auch sein, dass die Erfahrung so intensiv war, dass man das Gefühl hat, sie für sich behalten zu müssen. Aus welchen Motiven auch immer: Edna jedenfalls erzählte ihre Geschichte niemandem. Erst Jahre später weihte sie ihre Schwester Gaye ein.

Einen geliebten Menschen durch den Tod zu verlieren ist wohl die schlimmste Erfahrung, die wir im Leben machen müssen, doch auch um einer anderen Person willen vom Partner verlassen zu werden ist eine Art »Trauerfall«. Als ihr Mann sich wegen einer anderen Frau von Edna trennte, blieb sie mit ihrem zweijährigen Sohn allein zurück. Zu ihren emotionalen Problemen gesellten sich daher noch allerhand praktische Sorgen. Edna durchlebte eine schreckliche Zeit und litt sehr darunter.

Sie lebte in einem großen viktorianischen Haus in London, das in drei Wohnungen aufgeteilt war. Edna wohnte im Erdgeschoss. Eines Morgens stand sie am Schlafzimmerfenster, sah hinaus und brach einfach in Tränen aus. Sie wusste schlicht nicht mehr weiter und konnte nur noch schluchzen. Plötzlich sah sie durch den Tränenschleier auf der anderen Seite des Fensters eine Gestalt, so klar und deutlich, wie sie diese Erscheinung noch heute vor ihrem geistigen Auge sieht. Vor ihrem Fenster stand ein Engel! Er hatte die Flügel angelegt, stand ganz still und sah sie an. Ein Gefühl der Ruhe und des Friedens hüllte sie ein, so als habe man einen Mantel der Liebe um ihre Schultern gebreitet. Und mit einem Mal hatte sie das Gefühl, es würde schon alles wieder gut werden. Diese Erfahrung war so erstaunlich, dass sie ihr Kraft gab. Von nun an fühlte sie sich geliebt, und dies gab ihr den Mut, weiterzumachen.

Anfangs war dies nicht leicht: Zwei Jahre lang hatte sie schwer zu kämpfen, doch ihre unerschütterliche Ruhe verließ sie nicht mehr. Sie wusste, dass jemand für sie Sorge trug. In dieser Zeit lernte sie ihren zweiten Mann kennen. Er stellte sich als wunderbarer Partner heraus, und bald kamen drei weitere Kinder. Endlich hatte Edna das Glück gefunden, nach dem sie sich gesehnt hatte und das sie bis zum heutigen Tag genießt.

Ein himmlisches Lebewohl!

Doch natürlich heilen Engel nicht nur gebrochene Herzen. Sie wenden ihre Heilkräfte immer zu unserem höchsten Nutzen an. Auch Saskia hat eine anrührende Geschichte zu erzählen. Sie verlor ihre Mutter und war sehr unglücklich, bis die Engel ihr halfen, ihr bedrücktes Herz wieder gesunden zu lassen.

Saskia und ihre Familie waren immer gerne nach Schottland gereist. Eigentlich waren sie Niederländer und lebten in Holland, und so war es vermutlich gerade der Gegensatz zu ihrem Heimatland, der sie in diese gebirgige Gegend zog. Eines Tages im Mai brachen sie wieder einmal zu einem zweiwöchigen Ferienaufenthalt auf. Leider wurde Saskias Mutter bald krank. Sie bekam schwere Hustenanfälle, die sich einfach nicht bessern wollten. Sobald sie nach Holland zurückgekehrt waren, suchte sie den Arzt auf. Der Schrecken war groß, als sie erfuhren, dass Saskias Mutter unter Lungenkrebs litt. Bedauerlicherweise war die Krankheit schon so weit fortgeschritten, dass nur noch wenig Hoffnung bestand. Saskias Mutter unterzog sich den üblichen Bestrahlungen, starb jedoch schon ein paar Monate nach dem Schottlandurlaub.

Der Tag, an dem ihre Mutter starb, war für Saskia vor allem deshalb so schrecklich, weil die alte Dame ins Koma fiel, bevor sie ihr noch Auf Wiedersehen sagen konnte. Dabei hatte sie ihrer Mutter unbedingt noch sagen wollen, wie sehr sie sie liebte. Dass dies nicht möglich war, machte ihre Trauer noch schmerzhafter. Dieser plötzliche Tod war ein schlimmer Schock für die ganze Familie.

Zwei Tage nachdem ihre Mutter gestorben war, wachte Saskia sehr früh auf. Die Beerdigung würde schon in zwei Tagen stattfinden, und so hatte sie ungeheuer viel zu tun. Sie setzte sich im Bett auf und bemerkte plötzlich einen intensiven Blumenduft. Es roch nach Lilien und Jasmin, doch was immer es auch war, es füllte mühelos den ganzen Raum. Dabei standen keinerlei Blumen im Zimmer. Saskia weckte ihren Mann. Auch er nahm diesen ungewöhnlich starken Duft wahr. Nach wenigen Augenblicken begann er allmählich schwächer zu werden. Gleichzeitig fühlte Saskia sich auf wunderbare Weise getröstet. Instinktiv wusste sie, dass ihre Mutter auf diese liebevolle Weise der Tochter aus den himmlischen Reichen Lebewohl sagte. Saskia meint, sie habe ihr damit mitteilen wollen, dass sie im Himmel sei und es ihr gut gehe. Dies empfindet Saskia heute noch so klar und machtvoll wie an jenem besonderen Morgen.

Engel helfen uns, wo immer sie können, um unser Leben zu heilen. Sie nehmen uns die Arbeit nicht ab, doch sie zeigen uns, was wir tun sollen, und lassen uns Liebe, Weisheit, Ermutigung und Frieden zuteil werden.

Eileen Elias Freeman

Engelsegen

Ihr himmlischen Engel,
ich öffne die Tore der Aufrichtigkeit und der Heilung.
Mein Herz singt mit den lebendigen Wassern.
Frieden singt mein Herz.
Möge eure heilende Energie
meine Seele mit Liebe erfüllen.

Trost für Kinder

In unserer nächsten Geschichte tröstet ein Engel Kinder in Zeiten der Krankheit und der Furcht. Ein kleines Mädchen namens Brenda litt ständig unter schmerzhafter Bronchitis. Jeden Winter hatte sie mehrere Anfälle, die ihr das Leben zur Qual machten. Heute, wo sie erwachsen ist, erinnert sie sich nur noch daran, wie sehr diese ständigen Erkrankungen sie immer schwächten. Als Brenda noch klein war, behandelte man Bronchitis mit »Dampfbädern«. Man stellte einen Kessel mit Wasser auf den Ofen und heizte ordentlich ein, bis es dampfte. Dadurch wurde die Luft feucht, und der Patient konnte leichter atmen. Brenda Eltern trugen gar ihr Bett in die Küche, damit die Kleine nachts besser schlafen konnte.
Eines Nachts, als es Brenda besonders schlecht ging, erwachte sie von einem warmen Leuchten, das den Raum erfüllte. Sie war weder beunruhigt, noch empfand sie

Angst. Als sie den Blick auf das Fußende ihres Bettes richtete, sah sie dort eine Gestalt stehen. Diese war eher klein und strahlte dieses zarte Licht aus. Brenda wusste sofort, dass die Gestalt ein Engel war. Ihre Familie ging regelmäßig zur Kirche und glaubte fest an Gott und seine Engel. Daher empfand Brenda bei ihrer Vision keine Angst.

Am folgenden Morgen stellte Brendas Mutter erstaunt fest, dass es ihrer Tochter sehr viel besser ging. Es war beinahe ein kleines Wunder. Die Erinnerung an diese Nacht ist Brenda teuer. Wie viele Kinder, die einen Engel sehen, steht ihr das Bild auch heute noch klar vor Augen. Interessant ist außerdem, dass Brenda meinte, die Gestalt sei eher klein gewesen. Auch dies ist ein Umstand, der uns in Engelsberichten von Kindern häufig begegnet. Ich bin überzeugt, dass Engel Kindern in kleinerer Gestalt erscheinen, um sie nicht zu erschrecken. Erfahren wir nicht immer genau das, was wir verkraften können? Kinder glauben an Engel. Sie sind ihnen nahe und vertrauen instinktiv auf ihre heilenden Kräfte. Daher müssen wir »werden wie die Kinder«, ebenso offen, wenn wir selbst Heilung finden wollen.

Kinder verstehen sich gut mit Engeln. Aber das beruht auf Gegenseitigkeit.

Karen Goldman

Engelmeditation

Setzen oder legen Sie sich in einem abgedunkelten Raum bequem hin. Visualisieren Sie sich selbst – umgeben von einer Wolke grüner Lichtenergie. Öffnen Sie Ihr Herz und Ihren Geist. Laden Sie Ihren Schutzengel ein. Wenn Ihr Schutzengel kommt, fühlen Sie, wie seine Schwingungen Ihren ganzen Körper durchdringen.

Wiederholen Sie still für sich folgendes Gebet:

Mein Herz singt vor Liebe
für meinen Engel der Heilung.

Öffnen Sie sich der Engelsenergie, sodass sie Ihr gesamtes Sein durchdringt. Wenn Sie das Gefühl haben, »fertig« zu sein, danken Sie Ihrem geistigen Führer und gleiten Sie zurück ins Bewusstsein der Außenwelt.

Ein himmlischer Schlüssel!

Sprechen Sie mit Ihrem Engel. Sagen Sie genau, welche Art von Heilung Sie benötigen. Sie können um Heilung für einen geliebten Menschen bitten, für gesundheitliche Probleme oder andere schwierige Situationen. Sie können aber auch das heilende Licht des Engels direkt in einen Ihrer Körperteile lenken. Denken Sie daran: Je mehr Sie erbitten, desto mehr werden Sie erhalten.

Angst vor dem Unbekannten

Für Wendy klang der Vorschlag wundervoll: ein Ausflug nach Schottland! Es würde sein, als reiste sie in ein anderes Land, obwohl die schottische Grenze nur sechzig Kilometer von ihrem Wohnort entfernt lag. Die ganze Familie war eingeladen worden. Freunde besaßen dort ein großes, aus Naturstein gebautes Landhaus in einer wundervollen Landschaft. Wendy würde die Freunde ihrer Eltern kennen lernen. Es hieß, sie freuten sich schon auf das Mädchen. In diesem alten Haus gab es Ziegen und Schweine. Das würde alles ganz toll werden, dachte Wendy. Aber das Schönste von allem war, dass Wendy, die ein Einzelkind war, endlich gleichaltrige Freunde zum Spielen haben würde. Die Familie hatte drei Kinder: die Zwillinge Martin und Malcolm, die etwa ein Jahr älter waren als Wendy, und Sarah, die nur sechs Monate jünger war. Sie würden so viel Spaß haben.
Der erste Blick auf das Haus raubte allen den Atem: Es war ungeheuer groß, und die grauen Steinquader hoben sich hell von den tiefdunklen Wäldern ab, die es umgaben. Wendy fand, es sehe eher aus wie eine Burg, und ihre Eltern stimmten ihr zu. Die beiden Familien hatten sich eine Zeit lang aus den Augen verloren, und so freuten sich alle über das Wiedersehen. Anfangs hatten die Kinder noch ein bisschen Scheu voreinander. Wendy verstand den breiten schottischen Akzent nicht so gut. Doch am zweiten Tag waren alle bereits gute Freunde geworden und spielten viel miteinander. Überall war viel

Platz, drinnen wie draußen, und Wendy genoss diese neue Freiheit in vollen Zügen. Eines Tages wachten sie morgens auf und stellten fest, dass es draußen heftig stürmte. Das bedeutete, dass sie heute nicht zum Spielen hinauskonnten. Nach dem Frühstück schlug Martin vor, Verstecken zu spielen, und jeder fand, das sei eine ausgezeichnete Idee. Es schien nirgendwo so viele tolle Plätze zum Verstecken zu geben wie in diesem alten Haus. Gleich zu Anfang hatte Wendy eine tolle Idee. Leise öffnete sie die Tür zum Keller und schlich auf Zehenspitzen die steinernen Stufen hinab. Hier würde man sie bestimmt nicht suchen.

Die Zeit verging, und bald begann Wendy zu frösteln. Sie hatte ein klein bisschen Angst, denn tatsächlich war es in dem Keller sehr dunkel. Also beschloss sie, aufzugeben, und kletterte die Stufen wieder nach oben. Als sie an der schweren Holztür am Ende der Treppe angekommen war, musste sie feststellen, dass sie diese nicht öffnen konnte. Vermutlich war sie ins Schloss gefallen, als Wendy in den Keller geschlichen war. Panik ergriff sie. Heftig trommelte sie an die Tür und schrie laut um Hilfe. Niemand kam. Das Haus war riesengroß. Sowohl Erwachsene als auch Kinder befanden sich zwei Stockwerke über ihr, was bedeutete, dass niemand sie hören konnte. Wendy zitterte und begann zu weinen. Ängstlich fragte sie sich, was sie denn nur tun könne. In diesem Moment spürte sie, wie etwas Warmes sie umhüllte, bis sie aufhörte zu zittern. Es war, als hielten starke Arme sie umfangen. Mit einem Mal fühlte sie sich ganz ruhig und geliebt. Sie hatte aufgehört zu weinen, und obwohl sie Erleichterung empfand, als sie über sich Schritte vernahm, hatte sie all ihre Furcht verloren.

Die Kellertür schwang auf, und das Gesicht ihrer Mutter tauchte im Türrahmen auf. Sie nahm ihr Töchterchen in die Arme und erklärte ihr, dass die Kellertür wohl tatsächlich hinter ihr ins Schloss gefallen sei. Oben hatten sie eine Weile gebraucht, bis sie feststellten, dass Wendy verschwunden war. Ihre Spielkameraden erwarteten sie schon und umarmten sie. Was ihr am meisten Respekt einbrachte, war die Tatsache, dass sie scheinbar nicht geweint hatte.

Wendy aber hütete ihr Geheimnis, bis ihre Mutter sie abends zu Bett brachte. Sie hörte ihrer Tochter aufmerksam zu, als diese die Ereignisse im Keller schilderte. Schließlich sagte sie: »Weißt du, du hattest heute einfach einen Schutzengel, Liebling.« Und Wendy verstand sofort, dass dies die einzig richtige Erklärung war. Auch später hatte Wendy immer wieder das Gefühl, die starken Arme zu spüren, die sich warm um sie schlangen, wenn sie Angst bekam. Wendy zweifelte nie auch nur einen Augenblick daran, dass es ihr ganz persönlicher Engel war, der ihr zu Hilfe gekommen war.

Wie Sie das Licht nach innen lenken

Wenn Sie die Engel anrufen, stärken Sie das Band zu ihnen.

Um Ihren Engel der Heilung anzurufen, sollten Sie dreimal laut sagen:

Schutzengel der Heilung, komm zu mir.
Ich rufe meinen geistigen Führer
um vollkommene Heilung an.

Angst vor der Dunkelheit

Wan ist Chinesin, doch da sie mit einem Engländer verheiratet ist, lebt sie in London. Sie ist in Hongkong aufgewachsen und hat dort die Universität besucht, bevor sie zu einem Masterstudiengang nach London aufbrach. Ihre Engelserfahrung allerdings trug sich in Hongkong zu. Zusammen mit anderen Kindheitserinnerungen steht ihr die Begegnung heute noch so klar vor Augen wie damals.

Zu jener Zeit stand Hongkong immer noch unter japanischer Besatzung. Wan meint, sie erinnere sich noch gut, wie dunkel es nach Sonnenuntergang in der Stadt immer war. Es gab keine Straßenlaternen, und so war es in den Schlafzimmern meist außergewöhnlich dunkel. Wan aber fürchtete sich im Dunkeln, obwohl sie mit einer ihrer Verwandten in einem Raum schlief, was sie aber nur wenig tröstete. Ihre Familie lebte in einer recht großen Wohnung. Am Fußende von Wans Bett befand sich ein Fenster, das auf den Hof hinausging.

Als Wan an einem kalten Winterabend in ihr Bett kroch, schien alles wie immer. Das Mädchen schlief ein, doch als sie, wie es ihre Gewohnheit war, nachts den Arm nach ihrer Tante ausstreckte, stellte sie zu ihrem Entsetzen fest, dass das Bett leer war. Sie war also vollkommen allein – und die Dunkelheit schien immer düsterer zu werden, vertieft von ihrer eigenen Angst. Fest presste sie die Augen aufeinander und schrie in die Dunkelheit hinaus. Dann öffnete sie die Augen vorsichtig wieder: Da stand doch am Fußende ihres Bettes, neben dem hohen Fenster, eine Gestalt. Erst der zweite Blick sagte ihr, dass es sich um einen Engel handeln musste. Wans Engel war groß, so groß wie das Fenster, und von einem zarten grünen Schimmer umhüllt. Sie sah ihn ganz klar in seinem grünen Schein und verspürte gleichzeitig ein Gefühl der Liebe und Sicherheit. Die Flügel des Engels schienen ganz aus weichen Federn zu bestehen. Sie bewegten sich kein bisschen. Doch die ganze Erscheinung nahm Wan augenblicklich all ihre Furcht. Das kleine Mädchen war so voller Angst, dass es offensichtlich eines großen Engels bedurfte, um sie zu beruhigen. Bei Kindern ist dies gewöhnlich eher selten.

Das Traurige an der Geschichte ist, dass Wan meint, damals habe sie sich zum ersten Mal in ihrem Leben geliebt gefühlt. Da ihre Eltern ihre Liebe nicht zeigten, war das Gefühl selbst ihr vollkommen unbekannt, was das Erlebnis noch eindrücklicher werden ließ. Trost, Liebe und Schutz umhüllten sie wie ein warmer Mantel. Es war tatsächlich ein wundervolles Erlebnis, wie sie heute noch meint. Als die Engelerscheinung langsam verblasste, war Wan über ihr Verschwinden traurig. Also schloss sie die Augen und riss sie gleich darauf weit auf in der Hoffnung, dies würde die Erscheinung zurückbringen. Doch sie merkte bald, dass der Engel unwiderruflich fort war. Trotzdem fiel sie in einen tiefen, friedvollen Schlaf. Der Engel aber hatte so viel Liebe zurückgelassen, dass Wan immer noch das Gefühl der Wärme spürt, wenn sie die Augen schließt und an diese Nacht zurückdenkt. Wan selbst hat das schönste Schlusswort für ihre Geschichte gefunden: Sie meint, ihr Schutzengel habe sie ihr Leben lang beschützt und das sei die Liebe Gottes.

Unser ganzes Leben lang werden wir von Engeln begleitet. Viele Menschen berichten davon, als Kind ihrem Engel begegnet zu sein und diese Präsenz ihr Leben lang gespürt zu haben. Als würden die Engel, wenn die Brücke zwischen Himmel und Erde einmal überquert wurde, uns immer wieder besuchen. Öffnen Sie sich für diese Vorstellung, wenn Sie folgende Affirmationen sprechen:

Engel-Affirmationen

Ich bin offen für meinen Engel der Heilung.
Ich bin stets gesund, heil und ganz.
Ich erlaube meinem inneren Licht, hell zu leuchten.

Ein himmlischer Schlüssel!

Jeder von uns ist eine lebendige Brücke. Wir bringen unsere Gaben in die Welt und machen diese so ein klein bisschen besser. Wenn wir uns öffnen und zur Brücke für die Welt werden, ist es an uns, andere zu berühren, zu bewegen, zu inspirieren. Wir müssen lernen, unser Leben im Zeichen der Wandlung und Transformation zu führen. Wenn wir die Engel der Heilung anrufen, holen wir uns die Kraft, um diese Vision für uns und andere Wirklichkeit werden zu lassen. Wir sollten alle zusammenarbeiten, um eine Welt zu schaffen, in der für jedes Wesen Platz ist.

Die Heilung der Seele

In England ist es Aufgabe der Ärzte, kleinen Kindern die so genannte MMR-Impfung zu verabreichen, die gegen Mumps, Masern und Röteln schützen soll. Diese Impfung wird allgemein empfohlen, ist aber nicht unumstritten. Der Dreifach-Impfstoff wurde mit Autismus in Verbindung gebracht, was zwar nicht bewiesen ist, doch bei den Eltern trotzdem einige Besorgnis auslöst. Daher haben viele Eltern entschieden, ihre Kinder nicht impfen zu lassen. Dies wiederum wird von den Behörden nicht gerne gesehen, denn diese Kinderkrankheiten können sehr ernste Konsequenzen haben und sich rasch ausbreiten. Einige Eltern zahlen ungeheuer viel Geld, um ihre Kinder einzeln gegen jede Krankheit impfen zu lassen, weil sie glauben, dass dies sicherer sei. Es herrscht also einige Verunsicherung, selbst wenn Behörden sowie ein Großteil der Ärzte immer noch auf dem Standpunkt stehen, dass es zwischen dem Dreifach-Impfstoff und dem Ausbruch von Autismus keinerlei Zusammenhang gebe.

Entsprechend nervös war auch Melissa, als ihre kleine Tochter geimpft werden sollte. In diesem Wechselbad aus Angst und Vertrauen, aus dem auch lange Diskussionen mit ihrem Ehemann sie nicht befreiten, rang sie sich schließlich mühselig zu dem Entschluss durch, die Kleine impfen zu lassen. Melissa versuchte, einen klaren Kopf zu bewahren. Zu jener Zeit fiel Melissa ein Zeitungsartikel in die Hand, der den Lesern ans Herz legte, in Krisenzeiten die Engel um Rat zu bitten. Da Melissa an Engel glaubte, schien ihr dieser Ratschlag akzeptabel, und so wandte sie sich tatsächlich an die himmlischen Helfer. Am Abend vor der Impfung badete ihr Mann das Mädchen, während Melissa sich rund ums Haus zu schaffen machte. Aus heiterem Himmel überfiel sie ein starkes Gefühl von Ruhe, Vertrauen und Zufriedenheit. Sie wusste plötzlich, dass sie die richtige Entscheidung getroffen hatte. Ihr Gefühl war die Antwort der Engel gewesen.

Am folgenden Morgen wartete Melissa gleichsam auf den erneuten Ansturm der Angst, doch dieser blieb aus. Melissa fühlte sich, als sei sie unter einer Hülle aus Ruhe und Zuversicht geborgen. Ihre kleine Tochter hatte mit der Impfung keinerlei Probleme, und ihre Mutter dankte den Engeln, weil sie ihr in dieser Krisensituation geholfen hatten.

Engelsegen

Möge der Segen der liebenden Güte
dich umgeben auf all deinen Wegen.

Engelgebet

Mögen die Engel mein Leben leiten.
In jedem Lichtstrahl,
in jedem Regentropfen,
sind die Engel gegenwärtig.

Ich bin vollkommener Geist,
vollkommen sind meine Worte.

KAPITEL 3

Die Engel der Weisheit

Wissen erwerben wir aus Büchern, durch Unterricht und in der Auseinandersetzung mit den Erfahrungen, die das Leben für uns bereithält. Wir lernen bereits ab dem Moment, in dem unsere Seele auf der Erde ankommt – mit einem genauen Lehrplan, in dem die Lektionen verzeichnet sind, welche uns in dieser Existenz aufgegeben sind. Wahre Weisheit kommt daher aus der Inneren Quelle, von unserem inneren Engel, zu dem wir mit Hilfe der in diesem Kapitel vorgestellten Übungen Verbindung suchen.

Die Hilfe der Engel ist uns stets zugänglich. Sie kennt keine Grenzen. Wir müssen nur darum bitten. Dann aber müssen wir rasch handeln und die uns gegebenen Ratschläge befolgen. Je mehr Sie sich mit Ihren eigenen Engelsqualitäten auseinander setzen, desto deutlicher werden Sie diese Qualitäten auch in anderen erkennen. Mit ein wenig Übung können wir alle hin und wieder Engel sein. Kinder wissen und akzeptieren das fraglos, wie unsere erste Geschichte sehr schön illustriert.

Ein kleines Wunder

Lily ist so schön wie ihr Name, der an die königliche Blume erinnert, und ihre Eltern lieben sie sehr. Eines schönen, sonnigen Morgens saß Lily auf dem Schoß ihrer Mutter und hörte der Predigt von Reverend Beryl Allerton zu. Diese hatte für ihre Predigt in der Unitarierkirche ihr Lieblingsgedicht des amerikanischen Lyrikers Walt Whitman ausgewählt, das von alltäglichen Wundern spricht. Beryl führte diesen Gedankengang weiter aus. Zu den kleinen Wundern des Alltags, so Beryl, gehöre auch ein Kind, das auf unseren Schoß klettert und uns liebevoll umarmt. Da kletterte die kleine Lily, die damals erst 18 Monate alt war, vom Schoß ihrer Mutter herunter und marschierte geradewegs durch den Mittelgang der Kirche. An einer bestimmten Bank hielt sie an, erkletterte genauso entschlossen den Schoß einer Dame und legte die Arme fest um ihren Hals. Die ganze Gemeinde hielt den Atem an. Als man bemerkte, wen Lily sich da ausgesucht hatte, traten so manchem Gemeindemitglied Tränen in die Augen. Die Dame hieß Jessie und war in tiefer Trauer, weil sie erst vor kurzem nach einem langen, gemeinsamen Leben ihren Mann verloren hatte. Lily machte es sich auf den Knien der Dame bequem und blieb dort, bis die Andacht vorüber war.

So wirkte Lily wie ein kleines Wunder – als echter Engel der Weisheit.

Die Energie eines Wunders geht nie verloren. Es kann sich auf viele Menschen auswirken, die wir nicht einmal kennen, und Veränderungen bewirken, die uns nicht einmal bewusst werden und von denen wir nie zu träumen gewagt hätten.

Aus: A Course in Miracles

Kindermund

Vor einigen Jahren kam ich, Glennyce, der Einladung einer großen Buchhandlung nach, einen Vortrag über Engel zu halten. Wir vereinbarten, dass ich Geschichten aus meinen Büchern vorlesen und allgemein über Engel im Alltag sprechen sollte. Als ich dort ankam, erwartete mich eine ziemlich große Menschenmenge, die neugierig der Weisheitsperlen harrte, die ich zu geben hatte! Ein kleines Mädchen von etwa vier Jahren, das auf dem Schoß seines Vaters saß, fiel mir besonders auf. Sie war ausgesprochen hübsch und gab, während ich sprach, keinen Mucks von sich. Erstaunt beobachtete ich, dass sie weder zappelte noch redete. Sie schien jedes meiner Worte zu verstehen. Am Ende meines Vortrags bildeten die Leute eine lange Schlange, um sich eines meiner Bücher von mir signieren zu lassen. Als ich von meinem Tisch aufsah, bemerkte ich, dass das Mädchen mit ihrem Vater den Raum verließ. Das machte mich traurig, ich hätte zu gerne mit ihr gesprochen. Schließlich verließen immer mehr Menschen die Buchhandlung, und ich sah erleichtert, dass das Mädchen und ihr Vater doch nicht gegangen waren. »Wir würden gern das Buch *Children and Angels* kaufen«, sagte er. »Und meine Tochter hätte es gern signiert.« Erfreut schrieb ich eine Widmung in das Buch und beugte mich über den Tisch, um es der Kleinen zu geben. Noch bevor ich ein Wort sagen konnte, reichte sie das Buch ihrem Vater weiter und legte mir die Arme um den Hals.

Sie flüsterte mir ins Ohr: »Du weißt, dass ich einen Engel habe, nicht wahr? Alle kleinen Jungs und Mädchen haben einen!« Der wissende Blick, mit dem sie mich bedachte, erstaunte mich.

»Ja, das stimmt«, flüsterte ich zurück. »Danke, dass du es mir erzählt hast.« Ihr Vater lächelte nachsichtig, und ich fragte mich, ob ihm bewusst war, welch außergewöhnliches Kind er da zur Tochter hatte. Ein Freund, der die Szene beobachtet hatte, fragte mich, was die Kleine denn gesagt habe. Als ich ihm davon erzählte, meinte er: »Ich würde eher sagen, sie selbst ist der Engel.« Und tatsächlich war ihre Präsenz im Raum so stark fühlbar, dass ich ihm unwillkürlich beipflichtete.

Engelsegen

Oh ihr himmlischen Engel,
ich öffne die Tore des Wissens und der Weisheit.
Mein Herz singt mit den lebendigen Wassern.
Frieden singt mein Herz.
Möge eure Weisheit meine Seele mit Liebe erfüllen.

Cherubim

Es gibt wohl nur wenige Menschen, die nie auch nur im Geringsten zweifeln, mögen sie von der Existenz der Engel noch so fest überzeugt sein. Deb machte da keine Ausnahme. An einem bestimmten Punkt ihres Lebens hatte sie begonnen, sich mit dem Thema auseinander zu setzen, und schwankte nun zwischen Skepsis und Gewissheit. Dabei befasste sie sich erst seit kurzem mit Engeln und hatte damit angefangen, ein paar Bücher zu lesen.

Eines Abends stieß sie in einem bestimmten Engelbuch auf eine Stelle über die Hierarchie der Engel und die zahllosen Wege, welche die himmlischen Helfer finden, um uns beizustehen. Doch die Vorstellung, einen Engel um Hilfe zu bitten, verwirrte sie eher, obwohl sie »eigentlich« an deren Existenz glaubte. Nun wollte Deb ein für alle Mal wissen, was es damit auf sich hatte, wusste aber nicht recht, wie sie dies anstellen sollte. Mit einem Mal kam ihr die Idee, Gott zu fragen. Er war schließlich die Quelle aller Weisheit! Also bat sie laut um ein Zeichen, das ihr zeigen sollte, ob das Gelesene auch tatsächlich stimmte. Dann dachte sie einen Augenblick nach und fügte noch hinzu, dass ein Traum vielleicht der beste Weg für sie sei, zum ersten Mal einem Engel zu begegnen.

Danach fiel sie in einen tiefen Schlaf. An den Traum erinnert sie sich nicht, wohl aber an eine laute Stimme, die ihr befahl aufzuwachen, weil da jemand sei, der sie sehen wolle. Die Stimme war sehr bestimmt, und als Deb schließlich erwachte, merkte sie schnell, dass sie nicht allein war. Sie setzte sich im Bett auf und sah sich um. Im Halbdunkel erkannte sie die Umrisse einer Gestalt, und sie erinnert sich heute noch, dass sie zunächst nicht besonders beeindruckt war! Konnte dies wirklich ein Engel sein? Kein Licht, keine Wärme gingen von ihm aus, und als die Erscheinung allmählich verblasste, legte Deb sich einfach wieder hin. In diesem Augenblick erlebte sie die größte Überraschung ihres Lebens, denn auf ihrem Kissen lag nicht ein Cherub, sondern deren gleich zwei! Diese beiden waren aus reinstem weißen Licht und strahlten unendliche Liebe aus. Ein Gefühl tiefer Ekstase erfüllte sie, als ob nichts anderes mehr von Bedeutung wäre. Nach wenigen Minuten verblassten auch die Cherubim, und Deb war wieder allein. Nun aber war alle Unsicherheit wie weggeblasen. All ihre Zweifel hatten sich aufgelöst. Dann fiel sie in einen tiefen Schlaf. Später sagte sie mir, sie sei nun wirklich der glücklichste Mensch auf Erden.

Noch Tage nach diesem Erlebnis ging Deb wie auf Wolken durch die Welt, voller Ehrfurcht und Erstaunen. Sie wusste gar nicht recht, was sie nun tun sollte, und so beschloss sie, die Bedeutung des Begriffes »Cherub« nachzuschlagen. Sie fand heraus, dass »Cherub« für »Weisheit« steht. Seit diesem Erlebnis sind nun mehrere Jahre vergangen, und Deb fragt sich heute noch, weshalb ausgerechnet ihr die Gnade einer so schnellen Antwort und eines so hohen Besuches zuteil wurde. Doch sie weiß auch, dass sie nach dieser Begegnung ihr Leben einer genauen Überprüfung unterzog und einige Veränderungen vornahm, die ihr ein glücklicheres, friedlicheres Dasein bescherten.

Nur schnell nach Hause

Das mehrstöckige Parkhaus lag vollkommen verlassen da, als Elizabeth zu ihrem Wagen eilte. Sie hatte einen wundervollen Abend hinter sich, ging sie doch an sich schon gerne ins Theater, und heute Abend war die Vorstellung besonders spannend gewesen. Danach war sie in der Stadt mit ihren Freunden noch eine Kleinigkeit essen gegangen. Jetzt war sie zwar glücklich und zufrieden, aber auch sehr müde. Dabei würde sie morgen schon recht früh zur Arbeit müssen. Höchste Zeit also, sich endlich auf den Heimweg zu machen. Als sie einen Blick in die Runde warf, bemerkte sie, dass nur noch wenige Autos hier standen. Es war sehr spät und schon ziemlich dunkel. Ein Schauer der Angst lief ihr über den Rücken, als sie in der Handtasche nach den Autoschlüsseln suchte. Und ihre Angst war mehr als berechtigt, denn plötzlich tauchte vor ihrem Wagen eine finstere Gestalt auf, die den Arm wie zum Angriff erhoben hatte.

Eine Sekunde lang sah sie vor ihrem geistigen Auge, was gleich passieren würde, und schickte ein Stoßgebet zum Himmel: »All meine Engel, helft mir!« In diesem Augenblick schien der Mann vor ihr zu erstarren. Er richtete den Blick auf die Tür am Beifahrersitz und sagte: »Verzeihung, Boss! Ich habe Sie nicht gleich gesehen.« Dann machte er auf dem Absatz kehrt und floh. Elizabeth ging zur anderen Seite des Wagens, sah dahinter nach und umrundete ihr Auto einmal vollständig – nichts! Sie war ganz allein hier. Auf dem gesamten Parkdeck war nur sie. Verwirrt fragte sie sich, was denn nun eigentlich geschehen sei.

Als sie den Wagen startete, fiel es ihr wie Schuppen von den Augen: Sie hatte die Engel um Hilfe angefleht, und diese waren tatsächlich herbeigeeilt. Der Mann hatte offenkundig jemanden auf der anderen Seite des Wagens wahrgenommen, einen Mann, den er für ihren Begleiter gehalten hatte, obwohl nur er ihn hatte sehen können. »Wie weise die Engel doch sind!«, dachte Elizabeth und sprach ein kleines Gebet, um ihnen für ihre Unterstützung in dieser schrecklichen Situation zu danken.

Schatten und Flügel

Gary und ich freuen uns immer, wenn wir Briefe mit Marken aus fremden Ländern erhalten. Es ist einfach wunderbar, Geschichten von Menschen aus aller Welt zu lesen, die uns bestätigen – wenn solch eine Bestätigung noch nötig wäre –, dass die Engel uns an jedem Ort der Welt mit ihrer Weisheit und Einsicht beistehen. Isabel schrieb uns aus ihrer Heimatstadt Timaru in Neuseeland, doch zugetragen hat sich ihre erstaunliche Geschichte in Singapur. Isabel besuchte ihren Sohn und dessen Familie und genoss das aufregende Leben in einer Großstadt wie Singapur. Gegen Ende der Urlaubsreise kam man überein, dass Isabel sich zusammen mit der Mutter ihrer Schwiegertochter das indische Viertel ansehen sollte. Der Stadtteil hüllte die beiden Frauen in einen Rausch aus Formen, Klängen, Düften und Farben, sodass sie am gemeinsamen Ausflug viel Freude hatten. Das einzige Manko war die brütende Hitze, die Isabel sehr zu schaffen machte. Nach ein paar Stunden hatte sie das Gefühl, dass es nun genug sei, und begann, sich nach einem Taxi umzusehen.

In diesem Augenblick bemerkte sie, dass sie durch eine Einbahnstraße gingen, auf der sie in die falsche Richtung würden fahren müssen, falls sie dort ein Taxi fänden. Also bogen sie in eine Seitenstraße ein und hofften, so auf die Parallelstraße zu gelangen, auf der sie vergleichsweise schnell zu Hause gewesen wären. Doch es war wohl nicht besonders klug gewesen, von der Hauptstraße abzubiegen, denn sie stellten fest, dass die Gebäude in dieser Straße alle alt und halb verfallen waren. Ein Gefühl der Bedrohung bemächtigte sich ihrer. Anscheinend waren sie in eine jener Gegenden geraten, die es in jeder großen Stadt gibt und die man als Fremder am besten meidet. Die beiden alten Damen beschlossen, aus Sicherheitsgründen in der Mitte der Straße zu gehen, was den Nachteil hatte, dass es dort sehr heiß war. Isabel fühlte sich schrecklich verwundbar. Ihre Gefährtin war eine al-

te, zerbrechliche Dame. Sie mochte gar nicht daran denken, was ihnen hier zustoßen könnte. Angst und Hitze setzten ihr zu. Allmählich empfand sie die Situation als unerträglich.
Erstaunlicherweise fiel gerade in diesem Augenblick ein langer Schatten über sie und ihre Begleiterin. Er hüllte sie in kühlendes Dunkel, als wolle er sie gleichzeitig vor allem Bösen schützen. Der Schatten blieb über ihnen, obwohl sie nichts sehen konnten, was ihn hätte werfen können. Er begleitete sie bis zum Ende der Straße, wo sie endlich ein Taxi fanden. Erleichtert ließen sie sich in die Sitze fallen und fuhren nach Hause. Erst sehr viel später, so Isabel, verstand sie, was geschehen war. Mit einem Mal erinnerte sie sich wieder an Psalm 91. Sie holte ihre Bibel hervor und las: »Wer unter dem Schirm des Höchsten sitzt und unter dem Schatten des Allmächtigen bleibt, der spricht zu dem Herrn: ›Meine Zuversicht und meine Burg, mein Gott, auf den ich vertraue.‹« Und im vierten Vers heißt es: »Er wird dich mit seinen Fittichen decken.« Isabel zweifelt nicht daran, dass sie unter den Flügeln der Engel dahinschritt, die Gott ihr sandte, um sie in Singapur zu beschützen.

Engelmeditation

Setzen oder legen Sie sich in einem abgedunkelten Raum bequem hin. Visualisieren Sie sich selbst – umgeben von einer Wolke blauer Lichtenergie. Öffnen Sie Ihr Herz und Ihren Geist und heißen Sie Ihren Schutzengel willkommen. Wenn

Ihr Schutzengel kommt, fühlen Sie, wie seine Schwingungen Ihren ganzen Körper durchdringen.

Wiederholen Sie still für sich folgendes Gebet:

Mein Herz singt vor Liebe
für meinen Engel der Weisheit.

Öffnen Sie sich der Engelsenergie, sodass sie Ihr gesamtes Sein durchdringt. Danken Sie zum Abschluss Ihrem geistigen Führer und gleiten Sie zurück ins Bewusstsein der Außenwelt.

Eine helfende Hand

Einen geliebten Menschen zu verlieren ist eine der schlimmsten Erfahrungen überhaupt, doch der Tod eines Kindes ist für Eltern kaum zu verkraften. Oft hört man dann von den Leidtragenden: »Es ist einfach wider die Natur!« Die folgende bewegende Geschichte über ein Mädchen namens Heather hat mir Gaye erzählt. Sie hofft, dass ihre Geschichte anderen Menschen in ähnlichen Umständen Trost spenden möge.
Heather lebte allein. An einem strahlenden Sommermorgen erwachte sie in einer höchst ungewöhnlichen Körperhaltung: Ein Arm lag über ihrem Kopf auf dem Kissen. Sie konnte sich nicht erinnern, jemals schon so aufge-

wacht zu sein, daher erschien ihr der Umstand recht merkwürdig. Was aber noch eigenartiger war: Sie hatte das Gefühl, dass jemand ihre Hand hielt!

Heather hielt still und ließ ihre Augen durch den Raum wandern, um sicherzugehen, dass sie wach war und nicht etwa träumte. Und so blieb sie liegen, wie sie war, vollkommen ohne Angst und mit dem wunderbaren Gefühl einer Hand in der ihren. Doch bei der ersten winzigen Bewegung verschwand die Empfindung. Es war ein erstaunliches Gefühl gewesen: Der Eindruck der Hand war stark, fest und absolut keine Einbildung gewesen. Heather war davon so berührt, dass sie ihrer Mutter Gaye davon erzählte. Gaye aber freute sich für ihre Tochter, denn das Erlebnis musste wahrhaft außergewöhnlich gewesen sein.

Leider stellte man bald darauf bei Heather Krebs fest, und zum Bedauern aller, die sie kannten, starb sie kurz darauf. Doch gerade im Licht der Krankheit erscheint dieses kurze Erlebnis noch wunderbarer. Es ist schon bemerkenswert, wenn einem kurz vor solch einer Diagnose ein Engel die Hand hält. Wäre es nicht schön, wenn Heathers Engel auch im Moment ihres Todes ihre Hand gehalten hätte? Gaye berichtet, dass sie häufig Heathers Anwesenheit fühle. Sie hätte zwar gerne ein Zeichen, dass dieses Gefühl keine Einbildung ist, meint aber auch, dass es sie tröste zu wissen, dass ihre Tochter auf so herzerwärmende Weise »gehalten« worden sei.

Die Tatsache, dass wir noch keinen Engel mit eigenen Augen gesehen haben, bedeutet nicht, dass es keine gibt. Die Engel schicken uns ständig Zeichen und Hinweise, doch wir erkennen sie gewöhnlich nicht. Meist können wir nur den himmlischen Schimmer sehen, den sie hinterlassen, wenn sie fortgehen. Machen Sie folgende Übung, wenn Sie für die Präsenz der Engel sensibler werden wollen.

Wie Sie das Licht nach innen lenken

Während der Anrufung sollten Sie vollkommenes Vertrauen entwickeln. Übergeben Sie einfach alles Ihrem Engel. Engel sind für jeden Menschen da, gleich welchen Glauben und welche Geschichte er hat. Lassen Sie alle Erwartungen hinsichtlich der Erfüllung Ihrer Bitte fallen. Dann werden die Engel auf die bedingungslose Liebe in Ihnen antworten.

Um Ihren Engel der Weisheit anzurufen, sollten Sie dreimal laut sagen:

Schutzengel der Weisheit, komm zu mir.
Ich rufe meinen geistigen Führer
um vollkommene Weisheit an.

Kein Rauch ohne Engel?

Die meisten Menschen haben nur einmal in ihrem Leben Kontakt mit einem Engel. Die meisten vergessen dieses wunderbare Erlebnis nie wieder und wünschen sich sehnlichst, es würde sich wiederholen. Hin und wieder aber treffe ich auf Menschen, die den Engeln nahe zu sein scheinen und in ihrem Leben viele Engelerfahrungen machen. Connie ist solch ein Mensch. Ich habe diese außergewöhnliche Dame kennen gelernt, als ihr Sohn Kyle ernsthaft erkrankte. Ihre erstaunliche Geschichte vom Erscheinen der himmlischen Helfer habe ich in meinem Buch *Angels and Miracles* erzählt. In einem früheren Kapitel haben wir bereits erfahren, wie die Engel Connie dazu brachten, ihre Nachbarin zu retten. Es scheint, als habe Connie einen direkten Draht zu den Engelshelfern und als achteten diese ganz besonders auf sie. Sollte dafür noch ein Beweis nötig sein, so finden wir ihn in der Geschichte von Connies Ausflug ans Meer.

Connies Vater war ein ausgezeichneter Mechaniker. Er besaß eine Autowerkstatt, und was er über Autos und deren Reparatur nicht wusste, lohnte nicht zu wissen. Sie können sich also vielleicht vorstellen, dass er den Wagen der Familie immer ganz besonders gründlich unter die Lupe nahm. Seine Familie jedenfalls fühlte sich vollkommen sicher. Eines Tages bekam Connie Lust, mit ihren Kindern, der dreijährigen Krystle und dem einjährigen Kyle, ans Meer zu fahren. Sie hatten den Ozean noch nie gesehen, und Connie und ihr Mann fanden, es sei an der Zeit für einen Ausflug in einen nahe liegenden Badeort. Die Kinder waren zwar noch klein, beanspruchten aber trotzdem einen eigenen Sitz im Wagen. Und wer je mit kleinen Kindern eine längere Autofahrt unternommen hat, weiß, dass sie noch eine Menge anderer Sachen brauchen. Und so beschloss man, das Angebot von Connies Vater anzunehmen. Er hatte ihnen seinen Wagen angeboten, weil dieser größer war.

Alles war also bereit für den Tagesausflug nach New Jersey. Fröhlich winkten sie Connies Vater zum Abschied zu. Sie überquerten die Tacony-Brücke, die Pennsylvania mit New Jersey verbindet, und nahmen dann die Autobahn nach Osten. Plötzlich begann der Motor ohne ersichtlichen Grund heftig zu qualmen. Connie und ihr Mann standen vor einem Rätsel, wussten sie doch, dass Connies Vater den ohnehin sehr gepflegten Wagen erst vor kurzem hatte überholen lassen. Doch bald war der Rauch so dicht, dass sie die Straße kaum noch sahen. Daher steuerten sie so schnell wie möglich die nächste Werkstatt an. Als der Mechaniker all den Rauch sah, kam er sofort herüber. Er öffnete die Motorhaube und prüfte das Kühlwasser. Doch der Behälter war voll, und so überprüfte er der Reihe nach alles, was ihm nur einfiel. Doch es war nichts zu finden. Alles schien in bester Ordnung zu sein. Nun aber waren alle gleichermaßen verblüfft. Connie meinte: »Ich rufe mal meinen Vater an und frage ihn, ob ihm etwas dazu einfällt.« Doch auch Connies Vater war mehr als erstaunt, als er vom Pech seiner Tochter erfuhr: »Der Wagen war hunderprozentig in Ordnung!«, sagte er. »Dafür habe ich schon gesorgt.« Als seine Tochter ihm erzählte, der Rauch sei so dicht gewesen, dass sie nicht mehr hätten weiterfahren können, war auch er ratlos.

Connie legte den Hörer auf und wollte gerade zu ihrer Familie zurück, als eine Frau in heller Aufregung in die

Werkstatt stürzte: »Bitte lassen Sie mich sofort ans Telefon. Auf der Straße hat es einen schrecklichen Unfall mit mehreren Autos gegeben. Ich muss die Ambulanz rufen. Viele Menschen sind verletzt.« Connie trat sofort beiseite. Stumm verfolgten sie nur wenig später, wie die Rettungswagen an ihnen vorbeirasten.

Schließlich dämmerte es Connie: Hätten sie nicht die Werkstatt aufgesucht, wären auch sie in den schrecklichen Unfall verwickelt worden. Am Ende packte man die Kinder wieder in den Wagen. Jetzt, wo der Motor aufgehört hatte zu rauchen, wollte jeder nur nach Hause. Auf der Heimfahrt gab es keinerlei Zwischenfälle. Das Auto lief wie am Schnürchen: Kein bisschen Qualm war zu sehen.

Als sie zu Hause waren, inspizierte auch Connies Vater den Wagen noch einmal gründlichst. Nichts fehlte. Warum der Wagen so viel Rauch produziert hatte, war nicht festzustellen. Er hatte das niemals vorher getan, und auch am nächsten Tag, als Connies Vater ihn fuhr, lief er ohne jedes Problem. Tatsächlich tat er dies noch sehr lange Zeit.

Connie und ihr Mann Dave glauben fest an die Macht der Schutzengel. Sie sind überzeugt, dass ihre Mütter sie vom Himmel herab beschützen. Der Rauch hatte ihnen viel Übel erspart – dessen sind sie absolut sicher.

Engel-Affirmationen

Ich heiße den Erfolg
in allen Lebensbereichen willkommen.
Ich lasse die innere Weisheit der Wahrheit
in meinem Leben leuchten.
Mein Leben ist Segen, ist Frieden und Vertrauen.

Ein harter Tag

Es war eben einfach einer dieser Tage. Je mehr Louise sich beeilte, desto weniger schien sie zu schaffen. Der Nachmittag war schon fast um. Sie würde jetzt schon mit den Kindern zum Zahnarzt zu spät kommen und schaffte es doch nicht, beim Telefongespräch mit ihrer Tante einfach aufzulegen. Schließlich aber gab sie sich einen Ruck: »Tante Barbara, ich muss jetzt aufhören. Ich muss wirklich weg.« Dann legte sie schnell den Hörer auf. Dann packte sie Luke und Amy in ihre Mäntel. Schnell kletterten alle ins Auto. »O nein!«, rief Louise aus, als der Wagen nicht anspringen wollte. »Das ist doch einfach nicht möglich«, dachte sie. Den ganzen Tag hatte das Auto wunderbar funktioniert. Sie hatte heute schon mehrere Besorgungen gemacht und dabei keinerlei Schwierigkeiten gehabt. Tatsächlich war dies der zuverlässigste Wagen, den sie je gehabt hatte. Doch sooft sie es auch versuchen mochte, wie eifrig sie auch immer

unter die Motorhaube spähte, das Auto weigerte sich anzuspringen.
Louise griff in die Manteltasche und holte ihr Handy heraus. Sie wollte ihre Schwester anrufen, die nur ein paar Minuten weg wohnte. Sie würde sie sicher gerne zum Zahnarzt fahren. Die Kinder stiegen wieder aus dem Wagen, und Louise versuchte, ihre Schwester zu erreichen. Dummerweise funktionierte auch das Handy nicht. Frustriert schüttelte Louise den Kopf. Sie hatte das Gerät die ganze Nacht in der Ladestation liegen lassen und konnte sich beim besten Willen nicht vorstellen, wieso es nicht funktionieren sollte. Nun war der Termin beim Zahnarzt endgültig geplatzt. Alles, was sie jetzt noch tun konnte, war hineinzugehen, in der Praxis anzurufen, sich zu entschuldigen und sich dann mit einem Drink ins Wohnzimmer zu setzen – gleichsam zur Beruhigung. Gesagt, getan. Sie begaben sich ins Haus, legten die Mäntel ab, und Louise kramte die Telefonnummer der Zahnarztpraxis hervor. In diesem Augenblick bemerkten sie alle dasselbe: Es roch merkwürdig im Flur. Noch seltsamer war, dass der Geruch von oben kam, aus dem ersten Stock. Louise ließ sofort ihr Adressbuch fallen und rannte die Treppen hinauf. Sie hatte sofort begriffen, wonach es hier roch – nach Rauch.
Sie riss die Tür zum Gästezimmer auf und stellte entsetzt fest, dass ihr dichte schwarze Rauchwolken entgegenschlugen. Im Bruchteil einer Sekunde erkannte sie, was geschehen sein musste. Am Vormittag hatte Louise einen elektrischen Radiator hier heraufgebracht, um das Zimmer für die Ankunft ihrer Tante am nächsten Tag zu hei-

zen. Es war eiskalt gewesen, und Louise wollte auch die Bettdecke anwärmen. So hatte sie sie über einen nahen Stuhl gehängt. Doch im Laufe des Tages musste die Decke heruntergerutscht sein. Sie hatte sich über den Radiator ausgebreitet und sich schließlich entzündet! Sofort stellte Louise den Strom ab und löschte die angesengte Decke. Als alles wieder in Ordnung war, überkam sie der Schock. Als sie sich bewusst machte, was hätte geschehen können, begann sie zu zittern.

Wäre das Auto angesprungen, dann hätten sie ihren Termin beim Zahnarzt eingehalten. Hätte das Handy funktioniert, wären sie jetzt auf dem Weg zum Haus ihrer Schwester. In beiden Fällen wäre ihr Haus unbeaufsichtigt gewesen, und das Feuer hätte sich ausbreiten können – mit schrecklichen Folgen. Als sie alles sauber gemacht hatte, nahm Louise die Kinder mit in die Küche, um sich den bitter benötigten Drink zuzubereiten. Da kam ihr eine Idee. Sie holte das Handy hervor und tippte die Nummer ihrer Schwester ein: Das Telefon funktionierte perfekt! Dann ging sie in die Garage, holte die Autoschlüssel hervor und ließ den Wagen an: Auch er sprang augenblicklich an. Amy, die ihr in die Garage gefolgt war, rief ungläubig: »Aber Mama, das ist doch unmöglich!«

»Dafür gibt es nur eine Erklärung«, gab Louise zur Antwort. »Die Engel wollten unbedingt, dass wir ins Haus zurückkehren und dieses Unglück verhindern. Sie haben uns an diesem schweren Tag beschützt.«

Gott segne dieses Haus vom Bauplatz zum Rohbau,
von der Schwelle zur Wand, von einem Ende zum anderen,
vom Keller zum Dach, vom Hintereingang zum Vordereingang,
vom Fundament zum First.

aus den Carmina Gadelica

Ein himmlischer Schlüssel!

Wenn wir wirklich in kreativer Fülle wachsen wollen, müssen wir unsere Worte sorgfältig wählen und sie in Übereinstimmung mit unserem spirituellen Selbst äußern. Öffnen Sie sich dem Engel der Weisheit, der Körper, Geist und Seele stets mit Leben, Trost und Vertrauen füllt.

Weisheit und Schutz

Wie wir bisher sehen konnten, können Engelerfahrungen ganz unterschiedlich ausfallen. Einen Engel zu sehen ist wirklich nur die Spitze des himmlischen Eisbergs. Einen großen Engel in all seiner Glorie zu erblicken ist ein Ereignis, das nur wenigen Menschen vergönnt ist. Häufiger geschieht es, dass wir eine Stimme hören oder ein helles Licht sehen. Das mag daran liegen, dass die meisten von uns den ehrfurchtgebietenden Anblick eines Engels wohl kaum verkraften würden. Außerdem verlangen nur wenige Situationen ein so dramatisches Eingreifen. Seltsamerweise haben viele Menschen, die mir von solch einer Erfahrung berichten, diese während einer Reiki-Sitzung gemacht. Die spirituelle Atmosphäre, in der diese Art der Energieheilung stattfindet, scheint Engel regelrecht anzuziehen.

Raksha ist normalerweise ein froher, vertrauensvoller Mensch. Bereitwillig gibt sie jedem Menschen Reiki, von dem sie das Gefühl hat, dass er diese Art der Energie gerade braucht. Eines Tages allerdings arbeitete sie in einem Haus, das sie noch nicht kannte und das ihr – aus Gründen, die sie selbst nicht recht erklären kann – unharmonisch erschien. Schon beim Eintreten empfand sie die Atmosphäre dort als störend und negativ. Während sie einer alten Dame auf der Behandlungsliege vor ihr eine Reikibehandlung gab, fühlte sie sich sehr verletzlich und alles andere als wohl. Irgendetwas stimmte nicht. Doch es gelang Raksha nicht herauszufinden, woran es letztlich lag. Unerklärlicherweise empfand sie ein starkes Bedürfnis nach Schutz. Als sie ihren Blick einen Moment lang von der Dame hob, bemerkte sie überrascht, dass an einem Ende der Liege ein Engel stand! Der Engel hatte wahrhaft biblische Ausmaße. Raksha hatte den Eindruck, er sei mindestens drei Meter hoch! Er war von strahlendem Weiß mit gewaltigen federbewehrten Schwingen. Die ganze Gestalt umgab ein starkes goldenes Licht wie eine Aura. Der Anblick war überwältigend, obwohl klar war, dass die anderen Menschen im Raum ihn nicht sehen konnten. Der himmlische Besucher, so schien es, war nur Rakshas wegen hier und schenkte ihr den Schutz, den sie so verzweifelt zu brauchen schien.

»Ich habe diesen Engel nie wieder gesehen«, erzählte mir Raksha. »Doch wenn du mich fragst, reicht eine solche Erfahrung für ein ganzes Leben!«

Engelgebet

Mögen die Engel über mir wachen und mich behüten.
Ich bitte um die Kraft, stark zu sein
und den rechten Geist in mir erneuern zu können.
Engel geleiten mich in meinem Herzen,
in meinem Heim.

All die Geschichten zeigen deutlich, wie Gottes Weisheit, die er uns durch seine Engel schickt, Menschen im täglichen Leben immer wieder vor einem schrecklichen Schicksal errettet. Doch wie häufig vernachlässigen wir das »innere Gefühl«, den Instinkt, den uns die göttliche Weisheit eingibt? Kinder haben noch nicht die Fähigkeit verloren, auf ihre innere Stimme zu hören. Wir sollten also lernen, uns dieser zu öffnen und ihrer Weisung zu gehorchen, wie sie es tun. Wenn wir lernen, auf unseren Instinkt zu hören, begreifen wir endlich, dass die Weisheit der Engel immer für uns da ist, solange wir ihr nur Gehör schenken.

In alten Zeiten glaubte man, es seien die Engel, welche die Sterne an ihren Platz rücken und Sonne und Mond dazu bringen, im Wechsel zu scheinen. Das himmlische Licht half dem Menschen, den Alltag zu bewältigen. Engel, so hieß es damals, seien die Quelle aller Weisheit, und so dankte man ihnen Tag für Tag für ihren Rat. Selbst wenn wir heute nicht mehr glauben, dass Engel die Gestirne bewegen, so kann doch kein Zweifel bestehen, dass sie uns Weisheit und Erlösung zu bringen vermögen.

Engelsegen

Möge der Segen göttlicher Klarheit
alle Lebensbereiche für mich erleuchten
und Harmonie in mein Leben bringen.

Mein Vater sagte mir einst: »Alle Dinge dieser Welt haben eine Seele. Der Himmel hat eine Seele, die Wolken ebenso. Sonne und Mond haben eine Seele, aber auch Tiere, Bäume, Gras, Wasser, Sterne, einfach alles.«

Edward Goodbird

KAPITEL 4

Die Engel der Freude und des Lachens

Wenn Engel uns besuchen, reisen in ihrem Gefolge auch Freude und Lachen. Die Engel möchten uns glücklich sehen. Wir müssen keineswegs unglücklich sein oder in Gefahr geraten, damit ein Engel zu uns kommt. Sie zeigen sich auch in guten Zeiten, um unsere Freude und unser Glück zu teilen, auch wenn viele Menschen dies nicht glauben können.

Immer wieder stellt man Gary und mir bei unseren Vorträgen die Frage, ob Engel wohl Sinn für Humor hätten. Dies können wir beide nur bestätigen. Engel lieben Scherze genauso wie wir Menschen. Ist der Himmel denn nicht ein Ort des Glücks? Ein Himmel ohne Lachen wäre doch wohl kein Himmel mehr!

Viele Menschen haben uns von unbeschwerten Erfahrungen berichtet. Und die meisten Engelbegegnungen hinterlassen bei den Betroffenen ein Gefühl tiefer Freude.

Unsere erste Geschichte hat sich schon vor einer Weile zugetragen, doch Brian kichert heute noch, wenn er daran denkt.

Spaß hinter Gittern

Man muss schon ein besonderer Mensch sein, wenn man Gefängnispfarrer wird, denn diese Aufgabe lässt sich ohne einen starken Sinn für Humor nicht bewältigen. Glücklicherweise ist Brian damit reichlich gesegnet, sodass er seinen Pfarrkindern hinter Gittern schon oft heitere Augenblicke bereiten konnte. Jeden Sonntagmorgen las Brian in seiner offiziellen Funktion als Kaplan der Parkhurst-Gefängniskapelle die Messe. Die Zahl seiner Schäflein schwankt stark, und so wusste er nie, wie viele von ihnen wohl seiner Predigt lauschen würden. Eines Sonntagmorgens saßen noch weniger Besucher als sonst in den Bänken, sodass die Kirche richtig leer wirkte. Brian war klar, dass das spannende Fußballspiel, das zur selben Zeit im Fernsehen übertragen wurde, für die meisten verlockender war.

Also lächelte er freundlich und sagte: »Wie immer: Willkommen euch allen. Wir sind heute nur wenige, doch ist es letztlich ja die Qualität, die zählt. Außerdem bringt dieser Sonnenstrahl hier einen ganzen Engelschor mit, der sich uns anschließen wird.« Mit diesen Worten zeigte er auf einen breiten Sonnenstrahl, der durchs Fenster in die Kirche fiel. Instinktiv sah jeder auf. Brian hob gerade das Gesangbuch und sagte das erste Lied an, als eine große, weiße Feder im Sonnenstrahl sichtbar wurde und langsam zu Boden schaukelte! Alle Besucher der Messe brachen in helles Gelächter aus.

Natürlich war dies höchst erheiternd, doch Brian meinte

später, er habe in der Kirche keine Spur von einem Vogel gefunden. Also schloss er daraus, dass die Engel selbst sich dem Geist dieses Morgens angeschlossen und die Leute zum Lachen gebracht hatten.

Engelsegen

Oh ihr himmlischen Engel,
ich öffne die Tore der Freude und des Lachens.
Mein Herz singt mit den lebendigen Wassern.
Frieden singt mein Herz.
Möge eure Freude meine Seele mit Lachen erfüllen.

Engel der freudigen Überraschung

Es war ein wundervoller Sommerabend. Die Nachmittagshitze war einer warmen, balsamisch duftenden Brise gewichen, die durch das offene Fenster hereinzog. Mary seufzte. Bei diesem Wetter verspürte sie gar keine Lust, in die kleine Dorfkirche zu gehen, doch würde sie so wenigstens mit ein paar Leuten zusammenkommen. Da sie die meiste Zeit ihres Lebens alleine gelebt hatte, konnte es passieren, dass sie einen ganzen Tag lang mit niemandem sprach, vor allem, wenn ihre Schwester und deren Familie in Urlaub waren wie in dieser Woche. In der Kirche traf sie immer viele nette Menschen, mit denen sie auf dem Heimweg von der Messe noch ein wenig plaudern konnte. Doch es war schon spät. Wenn sie sich nicht beeilte, würde sie nicht mehr rechtzeitig dort sein. Also eilte Mary ins Haus zurück, überprüfte, ob die Hintertür auch abgeschlossen war, und eilte dann zur Kirche, wo sie gerade eintraf, als die Messe begann.

Und Mary bereute nicht, dass sie den schönen Sommerabend in der Kirche verbrachte, sprach der Pfarrer doch über Begegnungen mit Engeln im täglichen Leben. Mary begann darüber nachzudenken, weshalb sie noch nie einen Engel in ihrer Nähe gespürt hatte. Es musste daran liegen, dass sie darauf einfach nicht »eingestellt« war. Doch irgendwie ging Mary diese Engelgeschichte nicht mehr aus dem Kopf, und auch das Gespräch auf dem Heimweg drehte sich nur um die himmlischen Helfer.

Zu Hause machte sie sich etwas zu trinken und setzte sich in ihren hübschen, kleinen Garten. Sie liebte diese Jahreszeit. Heute würde es wohl eine dieser wunderschönen klaren Nächte geben, in denen es erst spät dunkel wurde. Wahrscheinlich würden die Leute noch gut bis elf Uhr abends im Garten sitzen und den blauen Nachthimmel bewundern. Irgendwann ging auch Mary ins Haus zurück, wobei sie immer noch über die Sache mit der Predigt und den Engeln nachdachte. Als sie die Treppen in den Oberstock hinaufstieg, hörte sie ein ungewohntes Rascheln, das aus ihrem Schlafzimmer zu dringen schien. Aus irgendeinem Grund dachte sie sofort an einen Engel. War dies etwa das Rascheln seiner Flügel? Strahlend und furchtlos öffnete sie die Schlafzimmertür. Ein leuchtend

weißes Gesicht sah sie durch das Halbdunkel an: die Nachbarskatze.
Mary lachte laut auf. Ihr kleiner pelziger Besucher musste ins Haus geschlüpft sein, als sie die Hintertür überprüft hatte. Über sich selbst kichernd nahm sie die große Katze auf und drückte sie liebevoll an sich. Dann trug sie das Tier hinunter, setzte es auf die Schwelle und sagte ihm, es solle doch bitte nach Hause gehen. In diesem Moment zog Mary heftig die Luft ein. »Ich hatte mir doch eingebildet, noch nie von einem Engel besucht worden zu sein. Nun, in diesem Augenblick merkte ich, dass das nicht stimmte.« Der Name der Katze, den Mary von ihrem Halsband ablas, war nämlich »Angel«.

Engelmeditation

Setzen oder legen Sie sich in einem abgedunkelten Raum bequem hin. Visualisieren Sie sich selbst – umgeben von einer Wolke blauer Lichtenergie. Öffnen Sie Ihr Herz und Ihren Geist. Laden Sie Ihren Schutzengel ein. Wenn Ihr Schutzengel kommt, fühlen Sie, wie seine Schwingungen Ihren ganzen Körper durchdringen.

Wiederholen Sie still für sich folgendes Gebet:

Mein Herz singt vor Liebe
für meinen Engel der Freude
und des Lachens.

Öffnen Sie sich der Engelsenergie, sodass sie Ihr gesamtes Sein durchdringt. Danken Sie zum Schluss Ihrem geistigen Führer und gleiten Sie zurück ins Bewusstsein der Außenwelt.

Gerade zur rechten Zeit

Die netteste Buchhandlung der Welt ist ganz sicher *Sweeten's Bookshop*, ein Laden in der recht geschäftigen Stadt Bolton im Norden Englands. Dort herrscht eine warme Atmosphäre. Die Angestellten dort stehen den Kunden stets hilfreich zur Seite und sorgen dafür, dass sie zufrieden sind. Eines Morgens gegen neun Uhr kam ein Anruf. Die BBC, der nationale Fernsehsender, wollte für einen Dokumentarfilm über die Lese- und Kaufgewohnheiten der Briten Aufnahmen in *Sweeten's Bookshop* machen. Man habe besonderes Interesse daran, welche Bücher gekauft würden, und wenn es möglich wäre, würde man gerne auch noch einen Kunden interviewen. Nun, da *Sweeten's* Großbritanniens netteste Buchhandlung ist, sagte man natürlich Ja. Das Fernsehteam sollte um elf Uhr vormittags ankommen. Da der Buchladen um diese Zeit gewöhnlich recht voll ist, kümmerte man sich schon vorher darum, dass alles gut aussah.

Die zwei Stunden vergingen wie im Flug, und schon waren es nur noch wenige Minuten bis elf Uhr. Alles war bereit – bis auf die Tatsache, dass kein Mensch im Laden war! Den ganzen Morgen über hatte sich noch nicht ein Kunde blicken lassen! Keiner der Mitarbeiter konnte sich erinnern, dass dies je der Fall gewesen war. Es wäre wirklich peinlich, wenn ausgerechnet heute, wo das Fernsehteam erwartet wurde, sich nicht ein Kunde im Laden blicken lassen würde. Was also tun? Debe, eine der Verkäuferinnen, sah durch das Fenster, wie die Filmcrew auf den Laden zusteuerte. Da sie gerade vor einem Regal mit meinen Büchern stand, meinte sie zu einer Kollegin: »Jetzt könnten wir einen von Glennyces Engeln brauchen!«

Die Filmcrew betrat die Buchhandlung, schwer beladen mit ihrer ganzen Ausrüstung – und in ihrem Gefolge ergoss sich, sehr zum Erstaunen des *Sweeten's*-Teams, eine wahre Menschenflut ins Geschäft. Innerhalb weniger Sekunden war der Laden voll! Und während der zwei Stunden, in denen gefilmt wurde, riss der Kundenstrom nicht ab. Am Ende stellte das *Sweeten's*-Team fest, dass es noch nie so viele Kunden in zwei Stunden bedient hatte. Das Geschäft lief wie am Schnürchen, und die Filmleute waren begeistert.

Doch das Sahnehäubchen kam noch, denn es erschien auch noch eine von Debes Freundinnen auf der Bildfläche, die zufällig in der Gegend war. Sprachgewandt und elegant gekleidet, wie sie war, erklärte sie sich nur zu gern bereit, die Fragen der Filmcrew zu beantworten. Der ganze Dreh verlief wirklich gut, und als die Filmleute sich verabschiedeten, bedankten sie sich bei dem Team der Buchhandlung herzlich für die interessante Erfahrung. Sobald die Filmleute weg waren, riss auch der Kundenstrom ab. Wo eine Minute vorher noch ständig die Ladenkasse geklingelt hatte, hätte man jetzt eine Stecknadel fallen hören können. Es war einfach unglaublich. Am nächsten Morgen kam ich in den Buchladen, und Debe winkte mir schon von weitem zu. Lachend sagte sie: »Wir haben eine wirklich gute Geschichte für dich.« Das Team meinte, dass wahrscheinlich ein Engel ihr Problem gelöst hatte, wenn auch auf recht witzige Weise. Sie müssten heute noch lachen über den pünktlich einsetzenden Kundenansturm. Ich aber gab zurück, dass der Laden vermutlich seinen eigenen Engel habe, der sich jetzt wohl ins Fäustchen lache.

Die Engel lachten.
Gott sah aus dem siebenten Himmel herab und lächelte.
Die Engel breiteten ihre Flügel aus und flogen, zusammen mit Elijah, hinauf in den Himmel.

Isaac Bashevis Singer

Glückliche Zufälle

Diese Geschichte hätte auch überschrieben werden können: »Das sprichwörtliche Glück der Iren«, denn sie nimmt ihren Anfang auf der grünen Insel. Norman und seine Frau Jean hatten die Reise ihres Lebens geplant.

Sie wollten von ihrer Heimat Irland aus aufbrechen und alle möglichen fremden Länder besuchen. Am Reiseziel angekommen, würden sie einen Wagen mieten und auf eigene Faust das Land erkunden. Fragt man jedoch heute Norman, was ihn auf seiner Weltreise am meisten beeindruckt habe, so antwortet er unweigerlich: »Ein Schluckauf!« Natürlich ist so ein Fazit erklärungsbedürftig, denn das Paar besuchte zahllose wunderbare Orte und lernte viele nette Menschen kennen. Dass Norman die Erfahrungen seiner Weltreise mit einer solch launigen Bemerkung zusammenfasst, liegt an folgender Begebenheit:

Vor vielen Jahren, noch in den 1950-er Jahren, war Norman ein ausgezeichneter Rugby-Spieler. Sein Trainer war ein Original namens Dr. Dick Ongley, den jeder nur als »Tubby« kannte. Er stammte aus Wellington in Neuseeland und war sehr beliebt. Norman meinte, er sei ein echter Spaßvogel gewesen. Tubby liebte das Leben und hatte einen geradezu ansteckenden Sinn für Humor. Jeder, vor allem Norman und seine Familie, war unglücklich, als Tubby eines Tages verkündete, er werde mit den Seinen nach Neuseeland zurückkehren. Die Freunde hielten lockeren Kontakt, und als sie später von Tubbys Tod erfuhren, waren sie sehr traurig. Daher beschlossen Norman und Jean, auf ihrer Reise Tubbys Familie zu besuchen. Sie kannten zwar deren Adresse nicht, wussten aber, dass Tubbys Frau und seine drei Töchter irgendwo in Neuseeland lebten.

Und so holte Norman überall Erkundigungen über Dr. Ongley ein, als er mit Jean die Südinsel Neuseelands bereiste. Er wusste, dass die Neuseeländer Rugby liebten, und war daher sicher, dass er früher oder später etwas von seinem alten Freund hören würde. Leider hatte er sich in diesem Punkt gründlich geirrt. Als sie auf die Nordinsel übersetzten, beschlossen sie, Wellington, den letzten bekannten Aufenthaltsort von Tubby, nicht zu besuchen. Das Wetter war schlecht, und es war kurz vor Weihnachten. Norman und Jean, die hinter ihrem Zeitplan zurücklagen, mussten sich beeilen.

Als sie im Städtchen Waikanae ankamen, machten sie dort Halt, um Vorräte einzukaufen, denn sie wollten am ersten Weihnachtsfeiertag ohne Zwischenstopp nach Norden fahren. Als am Straßenrand ein großer Supermarkt auftauchte, fuhren sie eilig auf den Parkplatz, wo sie reichlich Kunden und Weihnachtssänger, aber wenige Parkplätze vorfanden. Erst nach langem Herumsuchen entdeckten sie eine Lücke in der Phalanx der geparkten Autos.

Der Supermarkt bot die letzten Weihnachtsartikel feil, und so war in der Menge fast kein Durchkommen. Trotzdem fiel ihnen ein besonders hübsches Baby auf, das im Einkaufswagen seiner Mutter saß. Es hatte einen Schluckauf, der – wie Norman meinte – »so laut war wie der Ruf eines Kuckucks«. Lachend blieben sie stehen und wechselten ein paar Worte mit der Mutter. Die Kleine hieß Emma, und ihre arme Mutter hatte keine Ahnung, weshalb sie plötzlich so merkwürdige Laute von sich gab. Schließlich verabschiedete man sich. Norman und Jean gingen zur Kasse und dann zu ihrem Wagen. Angesichts der Größe des Parkplatzes waren sie recht erstaunt, als sie

dort erneut auf die junge Mutter trafen. Diese packte gerade ihren Einkauf in den Kofferraum.
Jean konnte nicht widerstehen und ging noch einmal hinüber, um mit der netten jungen Frau und ihrem süßen Kind zu plaudern. Norman hingegen verstaute ihre Einkäufe. Plötzlich hörte er seine Frau aufgeregt rufen: »Norman, Norman! Komm her!« Als er zu seiner Frau ging, erfuhr er, dass die junge Dame in Irland geboren war, und zwar in ihrer beider Heimatstadt Clontarf.
»Wie lautet denn der Mädchenname ihrer Mutter?«, fragte Norman.
»Ongley«, kam die verblüffende Antwort! Schnell wurde klar, dass Emma Tubbys Urenkelin war. Ihre Mutter, Fiona, war Tubbys Enkelin und deren Mutter, Patricia, die älteste Tochter ihres Freundes! Ein unglaubliches Weihnachtsgeschenk. Nach all dieser Zeit hatte man sich wiedergefunden.
Dies war nun wirklich ein glücklicher Zufall. Norman und Jean können es heute noch kaum glauben. Ich persönlich denke, dass da wohl Tubby seine Hände im Spiel hatte. Ich kann mir gut vorstellen, wie er im Himmel sitzt und auf uns herunterlächelt.

Und so wie Engel in lebhaften Träumen
die Seele rufen, wenn der Mensch schläft ...

Henry Vaughn

Engel in Träumen

Obwohl es Christine leidtat, ihre Heimatstadt Toronto verlassen zu müssen, so fand sie die Vorstellung doch aufregend, künftig in England zu leben. Die ersten sechzehn Lebensjahre hatte Christine in einer Stadt verbracht, die sie liebte, schon weil dort ihre Familie und ihre Freunde lebten. Daher fiel ihr der Abschied nicht leicht. Am traurigsten stimmte sie die bevorstehende Trennung von ihrer besten Freundin, Caroline. Sie würden einander sicher schrecklich vermissen. Als der Zeitpunkt schließlich gekommen war, zog Christine mit einem lachenden und einem weinenden Auge um. In die unvermeidliche Traurigkeit mischte sich Vorfreude auf die aufregenden Seiten ihres neuen Lebens. Christines Vater war aus beruflichen Gründen nach London geschickt worden, zunächst einmal für einen Zeitraum von zwei Jahren. Es dauerte jedoch eine Weile, bis sie sich eingelebt hatten. Christine allerdings fand schnell neue Freunde und genoss schon bald den Londoner Trubel.

Die Jahre vergingen, und irgendwann teilte Christines Vater der Familie mit, dass sie nun für immer in London bleiben konnten, wenn sie alle dies wollten. Bald war der Beschluss gefasst: Sie würden bleiben, war London ihnen doch längst zur zweiten Heimat geworden. Anfangs war es nicht weiter schwierig, mit den Freunden und der Familie in Kanada Kontakt zu halten, doch als die Jahre vergingen, verlor man sich zusehends aus den Augen. Leider war auch Caroline unter den Freunden, die sich nicht mehr meldeten. Ihre Briefe kamen immer spärlicher, beide Mädchen entwickelten sich weiter und führten ihr eigenes Leben. Von Zeit zu Zeit allerdings dachte Christine an ihre Freundin und fragte sich, wie es ihr wohl gehen mochte. Auf ihren letzten Brief allerdings bekam sie keine Antwort mehr, und so dachte Christine, dass Carolines Familie vielleicht weggezogen war.

Zehn Jahre später war Christine nicht nur eine erwachsene Frau, sie bereitete zudem ihre eigene Hochzeit vor. Alles war genauestens geplant: die Heirat in der kleinen Kirche, die anschließende Feier und zu guter Letzt die Flitterwochen. Die Trauung sollte unmittelbar vor Weihnachten stattfinden, genauer gesagt an Christines sechsundzwanzigstem Geburtstag, und so wollten die jungen Leute ihre Flitterwochen dort verbringen, wo es warm ist. Sie hatten sich für Tunesien entschieden. Das klang aufregend exotisch, und sie konnten sicher sein, dass sie dort Sonnenschein haben würden. Am Tag vor der Hochzeit kam Christine ihre alte Freundin Caroline wieder in den Sinn. So gern hätte sie ihr mitgeteilt, wie sehr sich ihr Leben verändert hatte. Von Herzen wünschte sie ihr, sie möge genauso glücklich sein wie sie selbst.

Der Hochzeitstag war vollkommen. Es war ein kalter, sonniger Morgen, zudem waren einige Verwandte aus Kanada gekommen, um bei dem großen Ereignis dabei zu sein. Das Fest war wunderschön, und Spaß und Gelächter setzten sich fort, als die ganze Familie Christine am nächsten Tag zum Flughafen begleitete, um die Neuvermählten gebührend zu verabschieden.

Tunesien schließlich war genauso, wie sie es sich gewünscht hatten: ein Land voller ungewöhnlicher Farben und Formen. Auch ihr Hotel war eine Augenweide. Christine und ihr Mann brachten den ganzen ersten Tag damit zu, die Bilder und Klänge dieses schönen Landes in sich aufzusaugen. In der zweiten Nacht in ihrem Hotel hatte Christine plötzlich einen sehr lebhaften Traum. Sie sah Caroline, die ihr zur Hochzeit gratulierte und ihr sagte, wie sehr sie sich für sie freute. Als sie am nächsten Morgen aufwachte, erzählte Christine ihrem Mann von dem Traum: »Er war so ungewöhnlich klar«, meinte sie. »Sogar von ihrer Kleidung konnte ich jedes Detail genau sehen.«

»Das liegt daran, dass du erst kürzlich an sie gedacht hast«, gab Christines Ehemann zurück. Christine nickte. Ja, sie hatte sich wirklich gewünscht, dass Caroline an der Hochzeit hätte teilnehmen können. Bei dem Gedanken spürte sie die alte Traurigkeit zurückkehren. Doch vor ihnen lag ein wunderbarer Tag, warum also sich das Herz schwer machen? Lieber beratschlagten sie, wohin sie nach dem Frühstück gehen sollten. Lächelnd verließen die beiden ihr Zimmer und stiegen die Treppe zum Frühstücksraum hinab. Und dort sah sich Christine einem Anblick gegenüber, den sie in ihrem Leben nie mehr vergessen wird: Gleich am ersten Tisch neben der Tür saß Caroline! Die Mädchen erkannten einander sofort, hatten sie sich doch nicht sehr verändert, obwohl sie beide jetzt erwachsen waren.

Was für ein unglaubliches Wiedersehen dies war! Freudentränen flossen, während die beiden Freundinnen sich herzlich umarmten. Caroline schüttelte ungläubig den

Kopf, als Christine ihr von ihrem Traum berichtete. Dann meinte sie lächelnd: »Scheinbar machen die Engel Überstunden!«
»Nun, nachdem sie sich so viel Mühe gegeben haben«, meinte Christine, »dürfen wir uns aber nicht mehr aus den Augen verlieren.« Die beiden haben bis heute Wort gehalten.

Wenn wir liebevolle, positive Gedanken hegen, nehmen die Engel sie auf und tragen sie zu anderen Menschen. Freude und Spaß erleichtern den Engeln ihre Aufgabe. Wenn wir lachen, können sie unser Herz sehr viel leichter anrühren. Wir hoffen, die folgende Übung lockt die Engel des Lachens in Ihr Haus.

Wie Sie das Licht nach innen lenken

Engel bringen in unseren Beziehungen die besten Eigenschaften zum Vorschein. Lachen und kindliche Freude ziehen sie an. Das Lachen der Engel ist eine Reaktion auf die schiere Freude am Leben und an der Gegenwart.

Um Ihren Engel der Freude und des Lachens anzurufen, sollten Sie dreimal laut sagen:

Schutzengel der Freude und des Lachens,
komm zu mir.
Ich rufe meinen geistigen Führer
um vollkommene Freude an.

Wer zuletzt lacht ...

Wie Menschen es schaffen, sich im Angesicht einer tödlichen Krankheit ihren Humor zu bewahren, wird mir für immer ein Rätsel bleiben, doch eine ungeheuer tapfere Dame meiner Bekanntschaft besaß eben diese Gabe. Pamela war erst siebenunddreißig Jahre alt, Ehefrau und Mutter von zwei Kindern, als sie erfuhr, dass sie tödlich erkrankt war. Doch Pamela legte Willenskraft und Entschlossenheit an den Tag und erstaunte jedermann mit ihrer Seelenstärke. Pamelas Freundin Irene erzählte mir, dass Humor und Mut Pamela selbst in dieser schrecklichen Zeit nie verließen.

Familie und Freunde versuchten zu helfen, wo immer sie konnten. Irene war Heilerin, und so besuchte sie ihre Freundin immer wieder. Irene sagt von sich selbst, dass sie intuitiv durch Handauflegen heilen könne. Viele Menschen, so Irene, hätten diese Gabe. Doch ob es nun eine Art von Reiki ist oder »spirituelles Heilen« – Irene meint, dass ihre Arbeit am besten mit dem Wort »intuitiv« zu beschreiben ist. Dabei wird Irene stets nur neben den behandelnden Ärzten tätig, niemals an ihrer statt. Durch die Sitzungen mit Irene fand Pamela Frieden, innere Ruhe und schließlich die Kraft, dem Tod ins Auge zu blicken.

Nach Pamelas Tod öffnete man die Anweisungen, die sie bezüglich ihrer Beisetzung hinterlassen hatte. Die Messe sollte in ihrer großen Pfarrkirche stattfinden. Man bereitete dort einen würdigen, feierlichen Abschied vor. Pamela allerdings hatte gewollt, dass auch Irene einige Worte sprach. Davon allerdings war Irene gar nicht begeistert. Sie war nicht gewohnt, bei solchen Anlässen zu sprechen, und schon gar nicht neben den Würdenträgern der Kirche von England. Doch sie tröstete sich mit dem Gedanken, dass auch hier wieder Pamelas unbesiegbarer Humor aufblitzte. Wenn Pamela es wünschte, dann würde sie eben bei ihrer Totenmesse ein paar Worte sprechen.

Der Tag der Messe kam. Die Beisetzungsfeier war bewegend und inspirierend, so wie Pamela selbst es gewesen war. Irenes Sorgen aber waren während der Messe ständig größer geworden. Das Mikrofon, das sie benutzen sollte, um zur Trauergemeinde zu sprechen, war nämlich auf den Vikar eingestellt, einen sehr großen Mann. Irene aber war gerade mal 1,50 m groß. Schließlich war sie an der Reihe. Sie trat hinter das Mikrofon, das weit über ihren Kopf hinwegragte. Ein leises Raunen ging durch die Menge. An diesem Punkt geschahen zwei gleichermaßen erstaunliche Dinge gleichzeitig. Die Altarkerzen, die, da sie schon lange brannten, nur noch kleine Flämmchen zeigten, loderten mit einem Mal hoch auf. Und das Mikrofon glitt herab, bis es auf der Höhe von Irenes Gesicht war – ohne dass sich jemand daran zu schaffen gemacht hätte! Das Murmeln schlug in lautes Lachen um, als Irene leise sagte: »Danke, Pamela!«

Nach der Messe kam der Mann, der sich um die Lautsprecheranlage kümmerte, auf Irene zu, um ihr zu sagen, wie außergewöhnlich all das war. Er hatte nicht gewusst, dass auch Irene sprechen sollte, und hatte das Mikro fest auf den Vikar eingestellt. Ja, er hatte es sogar mit der dafür vorgesehenen Schraube festgezurrt, damit es nicht während der Rede des Vikars herabrutschen konnte. Es war also vollkommen unmöglich, dass es sich von selbst gelöst hatte. Doch Irene lachte nur und meinte: »Gott segne Pamela. Wer zuletzt lacht, lacht eben immer noch am besten.«

Engel-Affirmationen

Freudig öffne ich mich für liebende Güte.
Mein Leben fließt einfach und mühelos dahin.
Ich lebe im Jetzt.

Eine Botschaft der Freude

Die folgende Geschichte zerfällt eigentlich in drei Teile: Am Anfang steht Belindas Erzählung, dann folgt Thereses Darstellung und schließlich die Hintergrundinformationen. Das Ganze ist ein bewegender Bericht um Freundschaft und Engel.

Belinda

Belinda lebt in Vanderbijlpark in Südafrika. Sie ist verheiratet und hat zwei kleine Kinder. Sie hatte an der Universität Ingenieurwesen studiert, doch ihr Glaube ließ in ihr den Wunsch entstehen, so vielen Menschen wie nur möglich zu helfen. Das Leben war für Belinda nicht leicht gewesen, und trotzdem betete sie innig um eine Gabe, die ihr erlauben würde, anderen beizustehen. Das Geschenk, das sie schließlich erhalten sollte, überstieg allerdings alles, was sie sich in ihren kühnsten Träumen hätte vorstellen können. Es veränderte ihr ganzes Leben. Eines Tages nämlich wurde Belindas Familie krank. Alle lagen mit Scharlach im Bett und konnten einander nicht helfen. Und doch wurden Belindas Gebete gerade zu jener Zeit erhört. Sie begann nämlich, Engel wahrzunehmen, die über den Köpfen der Familienmitglieder schwebten. Sie erfuhr sogar ihre Namen. Frieden erfüllte den ganzen Raum, Belinda empfand ein tiefes Gefühl innerer Ruhe. Überrascht stellte sie fest, dass sie mit diesen Wesen kommunizieren konnte und dass sie auf ihre Fragen antworteten. Für Belinda kam dies einem Wunder gleich, und sie dankte Gott innig für diese außergewöhnliche Gabe. In der Folge begann sie, Kurse zu geben, die anderen Menschen den Weg zu ihren himmlischen Helfern öffneten – mit Resultaten, die manchmal das Leben dieser Menschen vollkommen verändern. Belinda fühlt sich ob dieser Gabe wahrhaft gesegnet.

Therese

Therese sehnte sich zutiefst nach Kindern. Doch eben dieser Wunsch erwies sich als nicht gerade einfach zu erfüllen. Nach Jahren des Hoffens und Bangens, in denen sie einfach abgewartet hatte, beschloss sie eines Tages, medizinische Hilfe in Anspruch zu nehmen. Sie suchte

alle möglichen Experten auf und unterzog sich den verordneten Behandlungen – ohne Erfolg. Thereses Situation schien hoffnungslos.
Eines Tages traf sie zufällig eine Freundin ihrer Schwester, die schwanger war. Als sie Therese davon erzählte, erwähnte sie auch, dass sie für dieses Baby lange gebetet hatte. An diesem Tag beschloss Therese, nun auch Gottes Hilfe in Anspruch zu nehmen. Sie begann um göttlichen Beistand zu beten.
Bald darauf trafen sich Belinda und Therese, die zwar alte Freundinnen waren, sich aber trotzdem eher selten sahen. Stellen Sie sich Thereses Überraschung vor, als Belinda ihr eröffnete, sie sei von den Engeln gesandt worden, um Therese zu sagen, dass sie bald einen Jungen zur Welt bringen würde! In der Botschaft der Engel hieß es zudem, dass Therese Vertrauen haben solle. Sie werde sich bald ihrer inneren Kraft bewusst werden, die weit stärker sei, als sie glaube. Natürlich stürzte diese merkwürdige Begebenheit Therese in tiefe Verwirrung. Sie wusste einfach nicht, was sie von alldem halten sollte. Daher dauerte es auch eine Weile, bis sie den Mut fand, ihrem Mann davon zu erzählen. Belinda hatte die Botschaft für Therese aufgeschrieben. Als Therese diese Worte noch einmal las, kam ihr seltsamerweise plötzlich der Monat April in den Sinn. Es war gerade Januar, und Therese sollte eine neue Behandlung beginnen – eine ziemlich schwerwiegende und teure Maßnahme. Therese fragte sich, was sie tun sollte. War ihr Glaube stark genug, die ganze Angelegenheit in Gottes Hand zu geben?
In diesem Moment kam von Belinda eine zweite Bot-

schaft, in der es hieß, eine Behandlung sei nicht nötig. Therese solle Vertrauen haben, dann würde alles gut werden.
Zu dieser Zeit hatte Therese die erste Vision ihres Lebens. Sie sah ein blau gekleidetes Baby vor sich. Ihr Mann stand an ihrer Seite, während sie auf dieses hübsche Wesen herabblickte. Sie konnte sogar sein Gesicht sehen. Es war, sagte sie, »klar wie der lichte Tag«. Und sie fühlte sich gesegnet.
Kurz danach ergab ein entsprechender Test, dass Therese tatsächlich schwanger war! Bald nachdem das Manuskript zu diesem Buch fertig gestellt war, erhielt ich Neuigkeiten: Therese hatte einem gesunden Jungen das Leben geschenkt, den sie Jason Jaco taufen ließ. Ich bin sicher, dass auch die Engel bei dieser wunderbaren Neuigkeit vor Freude lachten, ist Jason doch ein wunderbares Geschenk nach so langer Zeit des Sehnens und Sorgens. Glaube, Gebet und die Engel haben dieser Familie Segen gebracht.

Und der Schluss

Nach diesem Ereignis schrieb Belinda mir, um mir Hintergrundinformationen zu der Geschichte zu liefern. Sie empfängt schon seit geraumer Zeit regelmäßig Botschaften von den Engeln. Sie hört die Worte in ihrem Kopf und schreibt sie dann nieder – eine Art automatischen Schreibens. Ihre Geschichte aber beginnt schon zehn Jahre vor Thereses Schwangerschaft, zu einer Zeit, als Belinda noch an der Universität Ingenieurwesen studierte und mit ihrer besten Freundin Therese ein Zimmer im Studentenwohnheim teilte. Damals setzte der Prüfungsstress der normalerweise recht heiteren Belinda stark zu. Die ungeheuren Stoffmengen, die zu bewältigen waren, machten sie depressiv, bis sie das Leben nur noch als Kampf sehen konnte. Therese konnte dies alles nicht mehr ansehen und zog eines Tages einfach aus. Die beiden Freundinnen trennten sich nicht gerade in Frieden und fühlten sich mit dieser Entwicklung beide nicht wohl.

Die Jahre gingen dahin, und die Freundinnen tauschten höchstens zu Weihnachten oder am Geburtstag eine E-Mail aus. Am Telefon hatten sie einander nicht viel zu sagen. Merkwürdigerweise trafen sie sich nie, obwohl beide in derselben Stadt lebten. Eines Tages liefen sich gleichwohl die Ehemänner über den Weg, doch auch dieses Zusammentreffen führte nicht zu näherem Kontakt. Belinda erfuhr über ihren Mann zwar, dass Therese keine Kinder hatte, glaubte aber, dass Therese einfach beruflich zu sehr eingespannt sei. Aus heiterem Himmel erhielt sie aber eines Tages eine E-Mail von Therese. Sie bat Belinda, sich doch mit ihr auf eine Tasse Tee zu treffen. Diese Nachricht kam so überraschend, dass Belinda schon ein mögliches Eingreifen der Engel vermutete. Sie empfing diese Botschaften erst seit kurzem, trotzdem wusste sie instinktiv, dass dies der eigentliche Grund für die E-Mail ihrer Freundin war. Sie verabredeten sich an einem Ort, an dem Belindas Kinder fröhlich spielen konnten, während ihre Mutter sich mit Therese unterhielt. Wie vorausgesehen kam auch die Engelbotschaft bald. Sie lautete, dass Therese bald einem Söhnchen das Leben schenken

würde. Damals wusste Belinda noch nicht, dass Therese sich sehnlichst ein Kind wünschte, und hatte keine Ahnung, wie Therese diese Botschaft wohl aufnehmen würde.
Das Treffen verlief sehr emotional. Die Freundinnen plauderten und plauderten, hatten sie doch mehr als zehn Jahre aufzuholen. Völlig überrascht hörte Belinda, dass Therese schon seit Jahren versuchte, schwanger zu werden. An jenem Morgen erst hatte sie Gott um ein Zeichen gebeten, ob sie sich einfach damit abfinden solle, nie Mutter werden zu können. Diesen Augenblick wählte Belinda, um Therese von der Botschaft zu erzählen, die sie erhalten hatte. Dann reichte sie ihr das Stück Papier, auf das sie die Nachricht über die Schwangerschaft geschrieben hatte. Ihre Freundin war überwältigt, wusste aber nicht so recht, was sie von alldem halten sollte. Als die Frauen sich verabschiedeten, umarmten sie einander innig. Tränen standen in ihren Augen. Die Probleme der Vergangenheit hatten sich in Luft aufgelöst. Die Freundschaft der beiden hatte gesiegt. Belinda aber hatte die starke Empfindung göttlicher Führung und fuhr zufrieden wieder nach Hause.
Therese unterzog sich weiterhin den medizinischen Verfahren bzw. Tests. Eines Tages rief sie bei Belinda an und fragte, ob wohl wieder eine Engelbotschaft ins Haus stünde, sie wisse nämlich nicht, was sie noch tun bzw. welche Behandlung sie in Betracht ziehen solle. Spontan antwortete Belinda, dass sie keine Behandlung mehr brauche. Sie solle einfach nur Vertrauen haben. Kurz darauf kam eine Botschaft von den Engeln. Sie lautete: »Die

Zeit ist nun reif.« Also rief Belinda Therese an und fragte, ob sich irgendetwas getan habe. »Nein, warum fragst du?«, kam die Antwort.

»Ich glaube, du solltest einen Schwangerschaftstest machen«, gab Belinda zurück. Doch Therese wollte nicht. Zu groß war ihre Angst, sie könnte eine Enttäuschung erleben. Zwei Wochen später aber musste sie sich im Krankenhaus einem normalen Bluttest unterziehen. Dort erfuhr sie zu ihrem Erstaunen, dass sie wirklich schwanger war! In ihre Freude über dieses wunderbare Ereignis mischte sich nun auch die absolute Sicherheit, dass mit der Schwangerschaft alles gut gehen würde. Sie würde ein gesundes Baby zur Welt bringen. Damals hatte sie auch die erste Vision ihres Lebens, in der sie sich und ihren Mann mit dem Baby sah. Belinda sagte mir später: »Es war so ein eindrucksvolles Erlebnis, Teil dieses Wunders zu werden.« Sie hofft inständig, dass sich durch ihre Fähigkeit, Botschaften von den Engeln zu empfangen, noch viele Leben zum Guten wenden werden.

In den an uns gerichteten Briefen taucht ein Engelssymbol häufiger auf als alle anderen: weiße Federn. Jeder scheint heute zu wissen, dass schöne weiße Federn sozusagen die »Visitenkarte« der Engel sind. Sie sagen uns, dass die Engel da sind, dass sie über uns wachen, uns im Alltag trösten und ermutigen. Ganz sicher war dies bei Suzannah so, deren erster Federfund ihr ganzes Leben veränderte.

Die erste Feder

Das Ende des Winterhalbjahres nahte, und Suzannah wusste, dass ihr Mann, der Lehrer war, diese Ferien bitter nötig hatte. Die Osterferien waren eine gute Gelegenheit, sich außerhalb der Stadt ein wenig zu erholen. Das Paar entschied sich für das Städtchen Telford in der englischen Grafschaft Shropshire. Das Wetter war wundervoll: Es war schon relativ warm, sodass sich ein tiefblauer Himmel über die bildschöne Landschaft spannte. Telford liegt am Teme, einem zauberhaften Flüsschen, und eines Morgens beschlossen Suzannah und ihr Mann, einen Spaziergang an seinen Ufern zu machen.

Suzannah war eine hochbegabte Sängerin und Songschreiberin, die auch schon internationale Erfolge hatte verzeichnen können. Doch aus unerfindlichen Gründen hatte sie seit einiger Zeit weder Lust zu singen noch zu komponieren. Sie hatte im Gegenteil immer mehr das Gefühl, »auf der falschen Spur« durchs Leben zu steuern. Mehr und mehr fragte sie sich, ob sie ihr musikalisches Talent nicht besser einsetzen konnte. Da sie einen starken Glauben an Gott und seine Engel besaß, experimentierte sie in letzter Zeit manchmal mit spiritueller Musik. In meinem Buch *Teen Angel* war es vor allem eine Geschichte, die Suzannah ansprach. Auch darin ging es um ein Lied, und so machte sie sich daran, dieses Lied zu komponieren. Wie sie sagt, war dies die beste Arbeit, die ihr seit langem gelungen war, und die CD, die daraus hervorging, ist tatsächlich von bewegender Schönheit.

Der Spaziergang am Flussufer war wunderbar. Kein Mensch schien an diesem ruhigen Morgen unterwegs zu sein. Es herrschte vollkommene Stille. Plötzlich hielten die beiden inne, obwohl sie selbst nicht recht wussten, wieso. Wie unter Zwang sah Suzannah nach oben und hielt den Atem an: Direkt über ihrem Kopf schaukelte eine große, weiße Feder langsam zu Boden, wo sie vor ihren Füßen liegen blieb. Da kein Vogel zu sehen und kein Laut zu hören war, haftete diesem Moment etwas Magisches an. Suzannah fragte sich, ob diese wunderschöne Feder vielleicht ein Geschenk an sie war. Dann aber beschloss sie, sie liegen zu lassen, damit auch andere Menschen sich daran erfreuen konnten.
Kurz darauf erhielt Suzannah einen Anruf von einer Plattenfirma aus den USA. Dort hatte ihr Song *Teen Angel* Aufmerksamkeit erregt, sodass die Firma den amerikanischen Vertrieb übernehmen wollte! Für Suzannah gab es keinen Zweifel, dass ihr neuer, spiritueller Weg in der Musik an jenem Tag an den Ufern des Teme mit dem Geschenk des Engels besiegelt worden war. Sie würde in Zukunft ihr weiteres Schicksal ganz den Engeln anvertrauen.

Der Weihnachtsengel

Den meisten Menschen gilt Weihnachten als Fest der Freude. Das Weihnachtsfest im Jahr 2002 aber schenkte Steve ein Erlebnis der besonderen Art. Am 23. Dezember war es sehr kalt, und Steve erhielt einen Anruf: Die Heizungsanlage eines Hauses war defekt, und er sollte sie reparieren. Dies war zwar sein Spezialgebiet, doch Steve wusste auch, dass – je nach Bauart des Heizkessels – die Reparatur recht schwierig werden konnte. Steve inspizierte den Kessel, machte hier und dort ein paar Griffe und musste dann feststellen, dass das Problem sich verschlimmert hatte. Sein Mut begann zu sinken. Diesen Heizkessel zu reparieren war wirklich kein Kinderspiel. Er würde eine ganz bestimmte Leiterplatte brauchen.

Als Steve meinen verständnislosen Blick sah, während er mir seine Geschichte erzählte, holte er sogleich zu einer Erklärung aus: Anscheinend gab es Hunderte solcher elektronischer Bauteile. Jeder Hersteller verwendet einen anderen Typ, sodass es höchst unwahrscheinlich war, dass ausgerechnet diese spezielle Leiterplatte irgendwo vorrätig war. Dazu kam noch, dass solch ein Ersatzteil relativ teuer war, also mehrere Hundert Euro verschlingen würde. Das bedeutete, dass man sie nur dann bestellte, wenn man sie brauchte. Es würde schwierig werden, so kurz vor Weihnachten überhaupt eine zu bekommen.

Das war wirklich eine dumme Geschichte. Steve oblag die nicht eben beneidenswerte Aufgabe, seinem Kunden zu erklären, dass er vermutlich über Weihnachten weder Heizung noch Warmwasser haben würde. Manchmal dauere es Wochen, meinte Steve mir gegenüber, solch ein Ersatzteil zu besorgen. Trotzdem überlegte Steve, wie er den Leuten wohl am besten helfen könne. Er selbst hatte ein großes Heizgerät zu Hause, doch das Problem mit dem warmen Wasser wäre damit auch nicht gelöst. Also

legte Steve seine Hand auf den Heizkessel und betete: »Bitte, ihr Engel, ich brauche jetzt wirklich eure Hilfe!« Nichts geschah.
Kichernd berichtete Steve, er sei schon auf höchst spektakuläre Erscheinungen gefasst gewesen, blaue Lichter oder solche Dinge. Zumindest hatte er erwartet, dass der Heizkessel wieder laufen würde. Stattdessen – nichts. Langsam packte er seine Sachen ein und trug sie zu seinem Lieferwagen. »Ich räume das noch weg«, dachte er. »Dann schenke ich den armen Leuten reinen Wein ein.« Er stellte sein Werkzeug also hinten auf der Ladefläche ab, ging dann um das Auto herum und öffnete die Seitentür des Lieferwagens. An diesem Punkt erfuhr er den Schock seines Lebens, denn aus der Tür fiel ihm die benötigte Leiterplatte direkt in die Hände!
Er machte kehrt, stieg die Treppe zum Haus wieder hinauf, ging in den Keller hinunter und probierte die Platte aus. Unglaublicherweise war es wirklich genau die Leiterplatte, die er benötigte. In wenigen Minuten war der Heizkessel repariert. Seine Auftraggeber lächelten glücklich, als er ihnen sagte, nun sei alles in Ordnung. Von Steves Problem hatten sie gar nichts mitbekommen. Erst als er im Lieferwagen saß, kam Steve dazu, die ganze Situation noch einmal zu überdenken. In seinem ganzen Leben hatte er noch nie diese teuren Leiterplatten in seinem Lieferwagen aufbewahrt. Wie um Himmels willen kam so ein Ding in seinen Wagen, sodass es ihm buchstäblich in letzter Minute in die Hände fallen konnte? Steve war sicher: Auch wenn er am Heizkessel keine blauen Lichter gesehen hatte: Die Engel hatten seine Bit-

te gehört und sich ihrer angenommen. Grinsend dankte er ihnen. In diesem Jahr hatte er auf beeindruckende Weise erfahren, was fröhliche Weihnachten wirklich bedeuten.

Zu dieser Geschichte gibt es noch eine Fußnote. Steve und seine Partnerin Joan führen ein alternatives Gesundheitszentrum im Norden von Manchester. Ich habe sie dort aufgesucht, um mir Steves Geschichte im Detail erzählen zu lassen. Wir saßen im zugehörigen Laden zwischen Engelsfiguren, Kristallen und so weiter, und ich schrieb Steves Bericht nieder. Schließlich fragte ich ihn:

»Haben die Leute in diesem Haus von der ganzen Angelegenheit je erfahren?«

»Nein«, antwortete er. »Leider habe ich sie seitdem nie wiedergesehen.« In diesem Augenblick blieb die Frau, für die Steve damals den Heizkessel repariert hatte, vor dem Schaufenster stehen und betrachtete interessiert die Auslage. Steve eilte hinaus und bat sie, doch hereinzukommen. Dann erzählte er seiner erstaunten Kundin, was sich an jenem 23. Dezember wirklich zugetragen hatte.

Engelgebet

Allmächtige Engelscharen,
lasst eure fröhlichen Stimmen und eure innigen Lieder
in meiner Seele erklingen.
Ich nehme eure Führung an und heiße die Engel
in meinem Alltag willkommen.

Erstaunlich, aber wahr

Viele meiner Leser kennen wahrscheinlich den Song »Scarlet Ribbons« von Harry Belafonte. In diesem Lied betet ein Vater darum, seine Tochter möge doch die scharlachroten Bänder erhalten, die sie sich so sehnlichst wünscht. Und tatsächlich liegen sie am nächsten Morgen auf dem Kissen des Kindes, obwohl es dafür keine Erklärung gibt. Eine hübsche Geschichte, mögen Sie jetzt denken, aber leider nur ein Märchen. Ich aber habe gerade in letzter Zeit viele Briefe bekommen, in denen Menschen mir berichten, wie sie nach intensivem Gebet oder nach der Anrufung der Engel bestimmte Dinge tatsächlich erhalten haben.

Eines Tages war ich in einer Radio-Talkshow zu Gast, als ein Hörer anrief und eine unglaubliche Geschichte über einen Geistlichen in Neuseeland erzählte. Dieser hatte mehrere Menschen zum Abendessen in sein Haus eingeladen, obwohl er keinerlei Lebensmittel vorrätig hatte. Er und seine Frau beteten inständig, da klopfte es an der Tür. Sie trauten ihren Augen kaum, als sie beim Nachsehen beinahe über einen Geschenkkorb stolperten. Sie lebten meilenweit von der nächsten Stadt entfernt, wo nicht einfach jemand »mal schnell vorbeischaut«. Außerdem waren kein Mensch und kein Auto in Sicht. Nach dieser Radiosendung erhielt ich zahlreiche Briefe, die mir von ähnlichen Ereignissen berichteten. Von all diesen Geschichten aber möchte ich hier nur eine exemplarisch herausgreifen, die von Louise:

Für Louise war das Leben nicht leicht gewesen. So war sie im Alter von vierunddreißig Jahren schon Witwe geworden, was auch zur Folge hatte, dass das Geld hinten und vorne nicht reichte. Und nun stand der vierte Geburtstag ihrer Tochter Rosie vor der Tür. Allein der Gedanke daran bekümmerte Louise, denn dies würde für die Kleine ein recht trauriger Tag werden. Dazu kamen noch die finanziellen Sorgen. Beide hatten sie das schöne, große Haus aufgeben müssen und lebten jetzt in einer winzigen Wohnung. Rosie hatte ein paar Freunde aus dem Kindergarten eingeladen, und Louise stellte fest, dass sie sich das nur leisten konnte, wenn sie den Kuchen selbst backen würde. Auf ein Geschenk allerdings würde Rosie an diesem Tag verzichten müssen, und das war es, was Louise besonders traurig stimmte. Rosie hatte sich einen bestimmten Bettbezug und passende Vorhänge gewünscht, auf denen der Paddington-Bär prangte. Doch wann immer Louise ihr zu sagen versuchte, dass sie die Sachen vermutlich nicht bekommen würde, lachte das Kind, überzeugt, ihre Mutter scherze nur.

Am Abend vor ihrem Geburtstag war Rosie glücklich. Aufgeregt erzählte sie ihrer Mutter, dass der verblichene Bettbezug jetzt endlich wegkäme und am nächsten Tag der Bär sie von ihrem Bettchen begrüßen würde. Louise biss die Zähne zusammen, gab ihrer Tochter einen Gutenachtkuss und ging dann ins Wohnzimmer. Dort setzte sie sich auf einen Sessel und begann zu weinen. »Das ist einfach zu viel!«, seufzte sie. »Ich schaffe das alles nicht.« Zum ersten Mal sprach sie zu ihrem toten Mann und sagte laut: »Ich bin sicher, dass du jetzt ein Engel bist. Kannst du nicht etwas für uns tun?«

Da musste sie noch unter Tränen plötzlich loslachen. Allein die Idee schien ihr komisch: Wie sollte ihr verstorbener Mann, selbst wenn er jetzt ein Engel wäre, der Kleinen einen Bettbezug mit dem Paddington-Bären besorgen! Als Louise mir die Geschichte erzählte, meinte sie kichernd: »Ich dachte: ›Jetzt bist du völlig von der Rolle!‹« Dann ging sie schlafen. Das Auf und Ab der Emotionen hatte sie so müde gemacht, dass sie in einen tiefen, traumlosen Schlaf sank.

Louise erwachte früh. Sie ging in die Küche, holte die Torte aus dem Kühlschrank und stellte sie mitten auf den Küchentisch. Dies sollte Rosies Geburtstagsüberraschung sein. Natürlich hatte auch die Torte die Form des Paddington-Bären mit seinem roten Hut und dem blauen Mantel. Stolz betrachtete Louise ihr Werk. Dann hörte sie draußen den Müllwagen, zog sich den Mantel über und ging hinaus, um ihre Mülltonne vor das Tor zu stellen.

Zu ihrer Überraschung lehnte an der Mülltonne ein großer Karton. »Wo kommt denn der her?«, dachte sie und hob ihn auf. Dabei merkte sie, dass etwas darin sein musste. Also zog sie die Tonne an den Straßenrand und nahm den Karton mit ins Haus, um ihn genauer zu inspizieren. Sie legte ihn auf einen Stuhl und öffnete den Deckel. Drinnen waren eine brandneue Garnitur Kinderzimmervorhänge sowie eine komplette Bettwäsche für Kinder – alles mit dem Paddington-Bären! Louise zitterte, als sie in den Karton sah. Es war unmöglich! Sie konnte es einfach nicht glauben. »Wie konnte das geschehen? Wer war das nur?« Fragen wie diese schossen ihr im Sekundentakt durch den Kopf. Gleichzeitig traten ihr Tränen in die Augen, doch dieses Mal vor Freude. Welche Erklärung sich für dieses Wunder auch immer finden mochte: Louise war sicher, dass ihr Engel ihr geantwortet hatte. Nun musste sie nur noch Danke sagen.

Engelsegen

Möge der Segen des Glücks, der Liebe und der Fülle in unseren Herzen erstrahlen.

Wie wir hieraus ersehen können, kann Heilung die unterschiedlichsten Gestalten annehmen: körperliche Gesundung, innerer Friede, all das kann Sorgen und Spannungen aus unserem Leben vertreiben. Ob das Problem nun lebensbedrohlich ist oder eher unter die Kategorie »kleinere Ärgernisse« fällt, die sich mitunter auch als recht anstrengend erweisen, wir müssen nur Vertrauen entwickeln und die Engel anrufen. Das haben die Geschichten, die wir bislang wiedergegeben haben, deutlich gezeigt.

KAPITEL 5

Die Engel der Erkenntnis

Ohne klare Einsicht gibt es keinen Erfolg. Erkenntnis oder Einsicht stellt sich ein, wenn unser kleines Alltags-Ich sich mit unserem Höheren Selbst verbindet. Wenn dies geschieht, senden unsere Engel uns jenes Wissen um die göttliche Wahrheit, das wir brauchen, um unser Leben gesunden zu lassen.

Jeder von uns kennt den Ausdruck: »ein Licht aufgehen«. Nun, das Licht, das uns eventuell aufgeht, muss nicht immer von einer Glühbirne stammen. Manchmal sind damit auch überraschende Einblicke in gedankliche und emotionale Zusammenhänge gemeint. Als uns dies klar wurde, haben wir dieses Kapitel dem Engel der Erkenntnis gewidmet, denn Engel sehen so viel und helfen uns auf mannigfache Weise. Sie finden stets die beste Form, in der sie uns ihre Hilfe zuteil werden lassen können – sei es als Alltagserscheinung im Straßenanzug, in einem Vers, einer Melodie, einer Stimme, einer Berührung. Einige Engel scheinen gar wahrhafte Elektronikspezialisten zu sein: Kameras, Uhren, Mobiltelefone, CD-Spieler, Anrufbeantworter und sogar Computer haben schon Botschaften verkündet, für die es keine rationale Erklärung gibt. Viele ungewöhnliche Engelbegegnungen zeigen, dass das Eingreifen der Engel häufig über Symbole oder merkwürdige Zufälle geschieht. In diesem Kapitel haben wir nur ein paar der zahllosen Geschichten versammelt, die uns zu diesem Thema erreicht haben.

Engel sieht man mit den Augen des Glaubens, denn der Glaube ist eine Frage der Wahrnehmung. Nur was man sieht, kann man erfahren.

John Westerhoff

Engelsegen

Oh ihr himmlischen Engel,
ich öffne die Tore der Erkenntnis.
Mein Herz singt mit den lebendigen Wassern.
Frieden singt mein Herz.
Möge diese Erkenntnis meine Seele mit Lachen erfüllen.

Ein ungewöhnlicher Engel

Der Begriff »Teenager« steht gleichbedeutend für »Turbulenzen«. Jeder, der schon einmal mit Jugendlichen zu tun hatte, weiß das. Dummerweise ist die Pubertät gerade auf ihrem Höhepunkt angelangt, wenn für die meisten Jungs und Mädchen das Abschlussexamen ihrer Schule ins

Haus steht. Craig zum Beispiel erlebte mit siebzehn Jahren so ziemlich die schrecklichste Zeit seines Lebens. Das Dasein war eine ständige Herausforderung, und trotzdem hatte er Prüfungen zu schreiben. Was könnte wohl schlimmer sein? Eines Nachmittags, als Craig gerade eine Schulaufgabe geschrieben hatte, überfiel ihn mit einem Mal die Panik. Hatte er denn wirklich alles richtig beantwortet?

Langsam ging er nach Hause. Dabei kam er durch eine stille Straße, die zwischen Kirche und Friedhof verlief. Bedrückt ließ er den Kopf hängen. Mittendrin aber sah er auf und erblickte eine alte Dame, die auf ihn zukam. Sie sah so unordentlich aus, dass er sie schon für eine Stadtstreicherin hielt. Craig ging an ihr vorüber und hielt überrascht inne, als er merkte, wie sie stehen blieb, sich zu ihm umdrehte und die Stimme erhob: »Jesus liebt dich!«

Craig meint, dass ihm die Worte fehlen, um auszudrücken, welch tiefer innerer Friede ihn plötzlich überkam. Schlagartig fielen alle Sorgen von ihm ab. Dies war eine recht ungewöhnliche Erfahrung für ihn, sodass Craig sofort annahm, die alte Dame müsse etwas damit zu tun haben. Anfangs war er zu überrascht, um auch nur Dankeschön zu sagen, doch nach ein paar Minuten gewann er seine Fassung wieder. Er drehte sich um und wollte ihr nachgehen, doch die alte Dame war verschwunden! Das lange, schmale Sträßchen war vollkommen leer. Nun war Craig sprachlos, doch das Gefühl inneren Friedens hielt glücklicherweise an.

Ein wenig später schrieb Craig mir und fragte mich, ob

ich wohl glaube, die alte Dame sei sein Engel gewesen. Tief im Herzen aber wusste er längst, dass dem so war. Ich musste lachen, als ich seine Worte las: »Ich bin vollkommen normal und keineswegs ein religiöser Spinner oder so.« Diese Worte sind so typisch für Menschen, denen Engel in ganz normaler Gestalt gegenübertreten. Sie möchten nicht verrückt oder merkwürdig erscheinen und fragen sich deshalb, ob ihr Verstand ihnen wohl einen Streich gespielt hat. Im Herzen aber kennen sie die Wahrheit. Gerade diese Reaktion bestätigt, wie normal sie sind. Craig war nur einfach ein gestresster Teenager, der sich nach ein wenig innerer Ruhe gesehnt hatte.

In der Rückschau stuft Craig diese Begegnung als eine der schönsten Erfahrungen seines Lebens ein und erklärte sich sofort bereit, sie mit anderen zu teilen. Angesichts seiner Offenheit bin ich sicher, dass Craigs Engel ihm sein Leben lang zur Seite stehen wird.

Engelsmasken

Häufig erscheinen Engel in Gestalt eines geliebten Menschen, wenn sie so keine Furcht auslösen. Besonders häufig geschieht dies bei Engelbegegnungen mit Kindern oder alten Leuten. Marie erzählte mir die Geschichte eines ganz besonderen Engels, der zu ihrer vierundneunzigjährigen Mutter gekommen ist.

Marie besuchte ihre Mutter jeden Donnerstag um zwölf

Uhr mittags. Sie brachte eine warme Mahlzeit mit und half ihrer Mutter, so gut sie nur konnte. Als sie ihren Wagen vor dem Haus parkte und einen Blick nach oben warf, erwartete sie, das lächelnde Gesicht ihrer Mutter zu sehen und ihren kleinen Hund, der zur Begrüßung bellte. An jenem Tag aber blieb alles still. Kein Gesicht erschien am Fenster. Auch als sie an die Tür klopfte, kam keine Antwort. Voller Angst ging Marie zur Rückseite des Hauses, wo sie ein paar Mal heftig ans Fenster klopfte. Doch von ihrer Mutter war nichts zu sehen.

Der Nachbar trat aus der Tür seines Hauses und fragte, ob es Schwierigkeiten gebe. Marie schilderte ihm die Situation und bat ihn, hier zu bleiben, während sie einen anderen Nachbarn aufsuchte, der einen Ersatzschlüssel für das Haus hatte. Dummerweise war eben dieser Herr nicht zu Hause. Marie lief zurück und sah von weitem schon den anderen Nachbarn winken. Anscheinend hatte eben ein junger Mann die Vordertür geöffnet und war weggelaufen, bevor der erschrockene Nachbar auch nur ein Wort herausbringen konnte.

Marie lief sofort ins Haus. Zu ihrer großen Erleichterung fand sie ihre Mutter auf dem Sofa liegend vor. Ihr Hündchen saß ruhig an ihrer Seite. Anscheinend war sie gestürzt. Zumindest zitterten ihre Hände, und ihre Knie waren aufgeschürft. Marie beugte sich über sie und versuchte herauszufinden, was geschehen war. Allem Anschein nach war ihre Mutter oben gewesen, als sie den Wagen ihrer Tochter näher kommen sah. Sie war zur Treppe geeilt, hatte das Gleichgewicht verloren und war hinuntergestürzt. Da sie am Fußende der Treppe lag und nicht aufstehen konnte, war sie von den Fenstern aus nicht zu sehen gewesen. »Gut, dass Alex da war und mir aufgeholfen hat«, sagte sie zu Marie. »Er hat mich zum Sofa geführt.«

Marie zuckte zusammen. Alex war ihr Sohn, der Enkel der alten Dame, aber er lebte etwa hundert Kilometer entfernt in einer anderen Stadt. Später stellte Marie fest, dass er ganz sicher nicht in der Nähe des großmütterlichen Hauses war, als der Vorfall sich ereignete.

Da Marie sich das Ganze nicht erklären konnte, überprüfte sie alles eingehend: Die Hintertür war von innen fest verschlossen. Niemand konnte hier aus oder ein gegangen sein. Der Nachbar meinte, der junge Mann habe das Haus durch die Vordertür verlassen. Als er sehen wollte, wo er denn hingehe, sei aber niemand zu sehen gewesen. Außerdem hatte der kleine Hund nicht einmal gebellt, was sehr ungewöhnlich war, denn normalerweise war er gar nicht zu beruhigen, wenn ein Besucher kam! Außerdem musste man ihn immer festhalten, wenn die Tür geöffnet wurde, weil er einfach auf die Straße lief. Und doch saß er an jenem Tag still und brav neben Maries Mutter.

Die einzig mögliche Erklärung, so dachte Marie, war ein höchst willkommener Engel, der ihrer Mutter in einer vertrauten Gestalt erschienen war. Maries Mutter ist heute sechsundneunzig Jahre alt und lebt immer noch allein und unabhängig in ihrem kleinen Haus. Und auch Marie ist glücklich, weiß sie doch, dass ihre Mutter ganz besondere Beschützer hat.

Engelmeditation

Setzen oder legen Sie sich in einem abgedunkelten Raum bequem hin. Visualisieren Sie sich selbst – umgeben von einer Wolke blauer Lichtenergie. Öffnen Sie Ihr Herz und Ihren Geist. Laden Sie Ihren Schutzengel der Erkenntnis ein.

Wiederholen Sie still für sich folgendes Gebet:

> *Mein Herz singt vor Liebe*
> *für meinen Engel der Erkenntnis.*

Öffnen Sie sich der Engelsenergie, sodass sie Ihr gesamtes Sein durchdringt. Wenn Sie das Gefühl haben, »fertig« zu sein, danken Sie Ihrem geistigen Führer und gleiten Sie zurück ins Bewusstsein der Außenwelt.

Zeit zum Nachdenken

Wenn ich beim Friseur sitze, frage ich mich oft, ob den Menschen, die sich so hingebungsvoll um unser gutes Aussehen kümmern, abends nicht Hände und Arme schmerzen. Die langen Arbeitsstunden sind eine echte Belastung, die sogar den körperlich Fittesten ihren Preis abverlangt. Stellen Sie sich nur vor, wie es sein muss, wenn Sie als Friseurin dann auch noch eine schwere Krankheit wie Multiple Sklerose haben. Eben damit hatte

Margaret Tag für Tag zu kämpfen. Sie war die Eigentümerin eines kleinen, gut gehenden Friseursalons und arbeitete dort zusammen mit ihren Angestellten. Margaret ist eine starke, entschlossene, gleichwohl freundliche Frau, die sich dem Unabänderlichen nicht beugen und den Beruf, den sie über alles liebte, nicht aufgeben wollte. Doch die Arbeit wurde ihr von Tag zu Tag beschwerlicher. Auch die Fahrt nach Hause wurde zusehends zur Belastung. Eines der größten Hindernisse waren die Treppen zu ihrem Haus, die steil nach unten führten, da das Haus etwas tiefer lag als die Straße. Obwohl Margaret ein stabiles Geländer dort hatte anbringen lassen, waren die Stufen für sie nicht leicht zu bewältigen. Außerdem musste sie – ohne jede Stütze – einen vergleichsweise breiten Bürgersteig überqueren, bevor sie endlich das Geländer erreichte.

Die Begebenheit, die hier erzählt werden soll, trug sich Anfang März zu, ein Monat, der dieses Mal dem Sprichwort, demzufolge er den Kindern Kerzen (ans Totenbett) holt, ganz und gar gerecht wurde. Starke Winde bliesen, und die Straßen waren stets mit einem Eisfilm überzogen. Eines Abends war es besonders schlimm, und Margaret sah dem Stückchen Weg vom Auto bis zur Haustür mit Grauen entgegen. Schon das Aussteigen und Absperren des Wagens kostete sie enorm viel Kraft. Verzweifelt lehnte sie sich an ihr Auto. Der Raum zwischen Autotür und Treppengeländer schien unendlich weit. Das Pflaster war vereist, und der Wind blies heftig. Eben weil er solche Situationen verhindern wollte, bat David, Margarets Ehemann, sie schon seit geraumer Zeit, sich endlich aus dem Friseursalon zurückzuziehen. Tränen stiegen Margaret in die Augen, als sie ihm jetzt zustimmen musste. So gut sie konnte, hielt sie sich am Wagen fest und kramte ihr Handy aus der Manteltasche. Vielleicht war ja einer der Nachbarn zu Hause und würde ihr helfen. An diesem Punkt stoppte ein Auto neben ihr. Ein Mann stieg aus und ging geradewegs auf sie zu: »Geht es Ihnen gut?«, fragte er. Erleichtert antwortete Margaret: »Nein, das kann man nicht sagen. Könnten Sie mir vielleicht helfen?«

Seltsamerweise war der Mann ganz in Schwarz gekleidet. »Vielleicht ein Priester?«, dachte Margaret. Wie ein solcher trug er nämlich auch einen weißen Kragen, was seine Gestalt noch merkwürdiger erscheinen ließ. Doch in diesem Moment zählte nur, dass jemand da war, der ihr half. Margaret empfand tiefe Dankbarkeit. Noch eigenartiger wurde die ganze Begebenheit, als der Mann sie am Arm nahm, denn in diesem Moment wurde sie von einem Gefühl erfüllt, das sie noch nie zuvor empfunden hatte: eine tiefe Liebe, die sich um sie legte wie ein Mantel. Die Augen des Mannes waren von reinstem Blau und schienen tief in Margarets Herz zu blicken. Es war, so meinte sie später, »einfach phänomenal«. Als sie mir diese Geschichte etwa drei Jahre später erzählte, kämpfte sie darum, die richtigen Worte zu finden. Sie wurde ihrer intensiven Gefühle kaum Herr, so als hätte all das erst gestern stattgefunden.

Sie sei, so erzählte sie weiter, wie im Traum dahin gegangen. Am Arm dieses erstaunlichen Fremden tat sie zögernd die ersten Schritte. Schließlich kehrten ihre Ruhe und ihre Sicherheit zurück, und sie ging weiter, bis sie das Treppengeländer greifen konnte. Nun war sie beruhigt. »Vielen, vielen Dank!«, meinte sie. »Den Rest schaffe ich auch alleine.« Der Mann lächelte und ließ ihren Arm los. Dann nickte er ihr noch einmal ermutigend zu, bevor er ging. Als Margaret sich umdrehte, um ihm noch einmal zu danken, war der Bürgersteig leer. Niemand war zu sehen, ja sogar das Auto war verschwunden. »Das ist unmöglich!«, sagte sie zu sich selbst. Niemand konnte in so kurzer Zeit die Treppen hinaufsteigen, den Bürgersteig überqueren, ins Auto einsteigen und losfahren. Zumindest das Auto hätte sie hören müssen.

Als sie die Haustür öffnete und die Wärme ihrer Wohnung sie empfing, überwältigten sie die Emotionen. Tränen liefen ihr die Wangen herab, als sie begriff, was geschehen war: Ihr Engel war ihr zu Hilfe gekommen. In dieser Begegnung aber lag auch eine Botschaft: Denn die Präsenz ihres Engels hatte Margaret so weit ermutigt, dass sie nun endlich loslassen und sich von der aktiven Mitarbeit im Friseursalon verabschieden konnte.

Ein Engel auf der Überholspur

Der Verkehr auf der Autobahn war schlimmer, als Paula ihn je erlebt hatte. Es war wohl für die meisten Menschen völlig normal geworden, morgens mit Höchstgeschwindigkeit zur Arbeit zu rasen. Die Autos und Lkws auf der

Straße schienen mit jedem Tag mehr zu werden, und schließlich gewöhnte auch Paula sich an, mit überhöhter Geschwindigkeit zu fahren. Das war an sich schon reichlich waghalsig, doch was echte Gefahr ist, lernte Paula erst später: Als sie wieder einmal mit einhundertzwanzig Stundenkilometern dahinbrauste, merkte sie plötzlich, dass sie ständig an Geschwindigkeit verlor. Dabei drückte ihr Fuß nach wie vor fest aufs Gaspedal, und auch die Anzeigen auf dem Armaturenbrett gaben keinerlei Aufschluss über den Grund für dieses unfreiwillige Langsamerwerden. Da Paula jedoch auf der Überholspur fuhr, wurde ihre Situation immer gefährlicher.
Der Wagen verlor zusehends an Geschwindigkeit, doch glücklicherweise taten sich in den Spuren seitlich von ihr immer passende Lücken auf, sodass sie zuerst zur Mitte, dann auf die Standspur wechseln konnte. Dort hielt Paula an und fragte sich, was sie nun tun sollte. Ein lauter Knall riss sie aus ihren Überlegungen. Einer ihrer Reifen war geplatzt! Paula zitterte vor Angst. Da die Standspur so schmal war, wollte sie auch nicht weggehen, um Hilfe zu holen, lief sie doch Gefahr, vom Verkehr überrollt zu werden.
Doch innerhalb von Sekunden war ein junger Mann zur Stelle, der wortlos begann, ihren Reifen zu wechseln. Ungläubig schaute Paula zu, wie geschickt er seine Aufgabe erledigte. Paula, immer noch unter Schock, brachte kein Wort heraus. Der neue Reifen war mit unglaublicher Geschwindigkeit montiert, worauf der junge Mann ebenso wortlos verschwand, wie er gekommen war. Paula, die plötzlich zu sich zu kommen schien, drehte sich

um und wollte ihm ein Dankeschön nachrufen, musste aber feststellen, dass er schon längst nicht mehr zu sehen war.
Erst als sie längst im Büro war, versuchte sie, ein wenig Ordnung in ihre Gedanken zu bringen. Der Wagen war im Topzustand gewesen. Der Tank war voll, und es hatte auch sonst keinerlei Anzeichen gegeben, dass etwas nicht stimmte. Was also war geschehen, dass ihr Auto plötzlich an Geschwindigkeit verlor und sie auf die Standspur wechseln musste? Was wäre wohl geschehen, wenn der Reifen auf der Überholspur geplatzt wäre? Paula bekam weiche Knie beim Gedanken an die möglichen Folgen. Und wo war der junge Mann hergekommen, der diesen Reifen mit fast übernatürlicher Geschwindigkeit und Kraft gewechselt hatte? Es war und blieb ein Rätsel, solange sie auch darüber nachdenken mochte. Da es keine rationale Lösung zu geben schien, schloss Paula, dass die Engel sich an diesem höchst gefährlichen Punkt in ihrem Leben ihrer angenommen hatten.

Es streiten für uns die Engel und die Gesandten des Glaubens.

William Shakespeare

Der Bote

Emilys goldenes Köpfchen war gebannt über den Sandkasten gebeugt. Es hatte sie beinahe eine halbe Stunde gekostet, dieses wunderbare Schloss zu bauen, das allerdings immer noch nicht fertig war. Fiona, die ihre Tochter durch das Küchenfenster beobachtete, lächelte. Es war wirklich eine gute Idee gewesen, Emily auf dieser Seite des Gartens einen Sandkasten zu bauen. Sobald der Kuchen fertig war, würde sie der Kleinen ein Stück hinausbringen. Für sich selbst würde sie etwas zu trinken mitnehmen, dann konnten sie beide im Garten sitzen und den schönen Nachmittag genießen.

Fiona ging zum Backofen und warf einen Blick auf den Kuchen, als sie überrascht hörte, wie jemand laut ihren Namen rief. Sie eilte zum Fenster und warf einen Blick hinaus, doch die Szenerie hatte sich kein bisschen verändert. Emily baute immer noch an ihrer Sandburg, und sonst war niemand zu sehen. Fiona schüttelte den Kopf. Wahrscheinlich hatte sie sich das nur eingebildet. Aber nun rief die kräftige Stimme noch einmal und genauso laut wie zuvor: »Fiona!«

Nun hielt es Fiona nicht mehr länger in der Küche. Sie ging in den Garten, um nachzuforschen, was da los war. Doch draußen war niemand zu sehen. Sie ging um das Haus herum in den Vordergarten, doch auch hier war nichts und niemand. »Merkwürdig!«, dachte sie bei sich. Dann kehrte sie zu ihrer Tochter zurück, um ihr zu sagen, was für eine tolle Burg sie da gebaut habe. Emily lachte

über das ganze Gesicht und meinte, sie könne ihr ja helfen. In diesem Augenblick erklang ein ungeheuer lautes Krachen. Fiona riss sofort ihre Tochter an sich und drückte sie an ihre Brust. Als sie sich zum Haus umdrehte, sah sie mit weit aufgerissenen Augen, was geschehen war: Ein Lastwagen war in die Seite des Hauses gekracht und hatte die ganze Küche zerstört. Sofort versammelte sich eine Menschenmenge um den Unglücksort. Einige zogen ihr Mobiltelefon heraus und informierten Rettungsdienst und Feuerwehr. Das Chaos war perfekt, und Fiona fragte sich schockiert, was wohl aus dem Fahrer geworden war.
Doch der Fahrer wurde bald aus dem Führerhaus herausgeschnitten, und der Notarzt, der ihn versorgte, meinte, er sei zwar schwer verletzt, würde es aber überleben. Dann schleppte man den Lastwagen ab, und Fiona sah, dass von ihrer Küche nichts mehr übrig war. Fionas Mann war aus der Arbeit gerufen worden, saß nun bei den Nachbarn drüben und hielt seine kleine Tochter Emily auf dem Schoß. Er zitterte immer noch bei dem Gedanken, was wohl passiert wäre, wären seine Frau und seine Tochter bei dem Unfall in der Küche gewesen.
Erst am nächsten Tag erinnerte sich Fiona wieder an die Stimme. In diesem Moment, so erzählte sie mir, setzte beinahe ihr Herzschlag aus. Denn sie war ja nur aus der Küche gegangen, weil diese seltsame Stimme sie gerufen hatte. Nur deshalb war sie ja zu Emily in den Garten gegangen. Als sie darüber nachdachte, kam es ihr so vor, als sei die Stimme »nicht von dieser Welt« gewesen. »Ich

bin überzeugt, dass mich mein Engel gerufen hat«, sagt sie heute. »Und ich danke Gott jeden Tag dafür, dass er mir pünktlich seinen Boten sandte.«

Trost

Engel spüren unsere Sorgen und Nöte und eilen uns dementsprechend zu Hilfe. Immer wieder haben mir Menschen berichtet, dass der Tod ihres Haustiers für sie ein herber Verlust war. Zwei Damen, die weit voneinander entfernt wohnen, schrieben mir zur selben Zeit, um mir von Engeln zu berichten, die gerade dann kamen, als es ihnen am schlechtesten ging. Beide Frauen hatten ihren geliebten Hund verloren. Das Leben ohne diese treuen Gefährten erschien ihnen unerträglich. Und beide glauben, dass die folgenden erstaunlichen Ereignisse eine Botschaft der Engel waren. Ich erhalte nun schon seit mehr als zehn Jahren Engelberichte aus aller Welt, doch diese beiden Geschichten sind einzigartig. Shirley schrieb mir aus der englischen Grafschaft Yorkshire. Dies ist ihre Geschichte:

Dinky war eine winzige Yorkshirehündin und so hübsch, dass Shirley immer dachte, sie habe eher die Augen eines Mädchens als die eines Hundes! Dinky und Shirley hatten zehn wunderbare Jahre miteinander verbracht, daher war der Morgen, an dem Dinky plötzlich erkrankte, für Shirley schrecklich. In Tränen aufgelöst brachte sie ihren kleinen Hund zum Tierarzt, doch es war nichts mehr zu machen. Dinky starb.

Der November mit seinen düsteren Nebeln machte Shirley nicht gerade fröhlicher. Sie war so verzweifelt, wenn sie aus dem Küchenfenster sah, dass sie zu ihrem Mann meinte, sie wäre lieber tot, als noch einmal so tiefen Schmerz zu erfahren. Plötzlich leuchtete vor dem Fenster ein Licht auf, so hell, wie Shirley es noch nie gesehen hatte. Es war so strahlend klar, dass sie instinktiv die Augen mit der Hand schützte. Das Licht leuchtete einige Sekunden lang, dann verblich es allmählich. Shirley hegt keinerlei Zweifel, dass dies ein Engel gewesen war, der sie in ihrer dunkelsten Stunde unterstützte.

Einige Tage später saß Shirley in ihrem Wohnzimmersessel, als sie etwas höchst Ungewöhnliches sah: Direkt vor ihr saß, so wirklich, dass sie nach ihr hätte greifen können, ihr Hündchen Dinky. Shirley meint, sie habe genau ausgesehen wie damals, als sie noch am Leben war. Sie war buchstäblich »lebensgroß«. Und dies blieb keine Einzelerfahrung. Dinky erschien noch öfter. Manchmal erfüllt auch nur der Duft von Hundekeksen die Küche, obwohl solche schon seit Jahren nicht mehr im Haus sind. Shirley glaubte, Dinky sei zu ihr geschickt worden, um ihr zu zeigen, dass das Leben ewig sei und die Engel immer für uns da. Und sie schätzt sich glücklich, den Beweis für diese Tatsache mit eigenen Augen sehen zu können.

Bronsen

Nun lassen wir die grauen Nebel Yorkshires hinter uns und begeben uns in die Hitze Australiens. Tracy schrieb mir die Geschichte von ihrem geliebten Hund Bronsen, einem kräftigen Rottweiler. Ein größerer Unterschied zu einem grazilen Yorkshireterrier ist wohl kaum denkbar! Tracy hat keine Kinder. Für sie, so sagt sie, sind die Hunde ihre Familie. Als man daher bei Bronsen unheilbaren Krebs feststellte, war Tracy am Boden zerstört. Es wollte ihr einfach nicht in den Kopf, dass sie nur noch wenige Monate zusammen verbringen würden. Diese Diagnose, die nur wenige Tage nach einem sehr glücklichen Weihnachtsfest gestellt wurde, setzte ihr enorm zu. Im März hatte sich Bronsens Zustand so sehr verschlechtert, dass Tracy keine Wahl mehr blieb: Er musste eingeschläfert werden. Tracys Mann begrub ihn unter den Farnen im Garten. Alle weinten heiße Tränen. Selbst Muffin, der andere Hund des Paares, schien zu trauern.
Kurz darauf musste Tracys Mann auf Geschäftsreise, obwohl er Tracy nur sehr ungern in diesem Zustand allein ließ. Er machte sich Sorgen um sie, doch es ließ sich einfach nicht anders regeln. So fuhr Tracys Mann schweren Herzens für fünf Tage weg. Tracy war tieftraurig und hielt sich am liebsten an der Stelle auf, wo Bronsen begraben lag. Dort betete sie um Rat und Beistand. Da sie natürlich auch für seine Genesung gebetet hatte, hatte sich bei ihr das Gefühl eingeschlichen, ihre Gebete würden nicht erhört werden. Nun aber bat sie um ein Zei-

chen, ob es Bronsen gut gehe und ob er glücklich sei. Dann ging sie langsam und traurig zu Bett. Ihr kleiner Terrier Muffin ließ sie nicht aus den Augen. Schließlich fielen beide in einen unruhigen Schlaf.
Bald nachdem sie eingeschlafen war, wachte Tracy von einem »ordentlichen Platscher« auf dem Bett auf. Unglaublich, aber wahr: Bronsen tobte auf dem Bett herum wie ein junger Welpe, und Muffin spielte mit. Tracy schlang die Arme um ihn und merkte, dass er sich anfühlte wie immer. Dann befahl ihr eine Stimme: »Leg die Hand auf seinen Hals.« Gesagt, getan. Tracy entdeckte, dass alle Spuren des Krebsgeschwürs verschwunden waren. Überglücklich umarmte sie ihren Hund und kraulte ihm die Ohren, wie sie es getan hatte, als er noch bei ihr gewesen war. Als sie ihm dann über die Brust streicheln wollte, war er plötzlich verschwunden! Er war nicht langsam verblasst. Er war auch nicht vom Bett gehüpft oder hatte sich auf andere Weise aufgelöst. Er war ebenso schnell gegangen, wie er gekommen war. In diesem Moment spürte Tracy, wie eine warme Hand sie sanft in die Kissen drückte. Sofort fiel sie in tiefen Schlaf.
Am nächsten Morgen ging Tracy nach unten in die Küche und machte sich eine Tasse Tee. Als sie am Küchentisch saß, begann sie, über die Ereignisse der letzten Nacht nachzudenken. Hatte sie etwa eine Halluzination gehabt? Doch tief im Herzen wusste sie genau, dass das nicht stimmte. Eine klare, ruhige Stimme sagte zu ihr: »Bronsen war letzte Nacht wirklich hier.« Erneut flossen Tränen über ihre Wangen, doch dieses Mal waren sie Ausdruck reinsten Glücks. In dieser Atmosphäre tiefen

Friedens erkannte Tracy, was geschehen war: Gott hatte ihre Gebete erhört. Ihrem Hund ging es gut, und er war so gesund wie zu Lebzeiten. Die Engel kümmerten sich um ihn. Sie wusste, dass sie einander eines Tages im Himmel wiedersehen würden.

Engel überbringen Gottes Botschaft der Heilung und des Trostes. Welchen Kummer Sie auch immer haben mögen, die bedingungslose Liebe der Engel ist für alle Geschöpfe da, groß und klein. Der Schriftsteller Ruskin hat dies einmal wunderbar ausgedrückt: »Klar zu sehen ist Poesie, Weissagung, Religion – alles zugleich.«

Wie Sie das Licht nach innen lenken

Engel lehren uns das stille Wissen, dass in unserem Innersten eine machtvolle Quelle sitzt. Sie können helfen, eine Situation zu ändern, die nicht zum höchsten Guten strebt. Macht und Erkenntnis aber werden nur jenen zuteil, die beide Tugenden bis an ihren höchsten Punkt entwickeln wollen.

Um Ihren Engel der Erkenntnis zu rufen, sollten Sie dreimal laut sagen:

> *Schutzengel der Erkenntnis, komm zu mir.*
> *Ich rufe meinen geistigen Führer*
> *um vollkommene Erkenntnis an.*

Fenster der Seele

Ein fröhlicherer und positiver gestimmter Mensch als Irene lässt sich wohl kaum finden. Da sie Abenteuer über alles liebt, stimmte sie sofort zu, als man sie bat, auf der Bühne als Medium zu agieren. Irene wusste schon lange, dass sie medial veranlagt war. Vielen Menschen hatte sie durch ihre Sitzungen bereits geholfen, und so bat man sie, ihre Begabung vor einem größeren Publikum öffentlich zu demonstrieren. Doch nach anfänglichem Enthusiasmus kamen Irene immer mehr Zweifel: War dies wirklich ihr »Ding«? Sollte sie tatsächlich in dieser Weise arbeiten? Ihr Kopf sagte Ja zu alldem, ihr Herz aber war immer noch unentschlossen.

Als das Projekt allmählich Gestalt annahm, ließ man sie wissen, dass man für die Werbung ein paar Fotos von ihr brauchen würde. Ein guter Freund, der ein ausgezeichneter Fotograf war, bot ihr an, die benötigten Bilder von ihr zu machen. Und so begab man sich eines schönen, sonnigen Morgens in den Park, um ein paar stimmungsvolle Fotos von Irene zu schießen.

Irenes Freund fand die perfekte Stelle für die Aufnahmen, platzierte Irene neben einem schönen Baum und drückte auf den Auslöser. Dann betrachtete er auf dem Display der Digitalkamera das Foto, das er gerade gemacht hatte. Er sagte kein Wort, sah aber ziemlich verwirrt drein. Noch einmal bat er Irene zu lächeln und drückte auf den Auslöser. Genauer gesagt bat er sie mehrfach darum – ohne jeden Kommentar und mit einem entgeisterten Ausdruck im Gesicht. Schließlich gab er Irene die Kamera, zeigte auf das Display und fragte: »Was siehst du hier?«

Irene starrte verständnislos auf das eben geschossene Bild. Es zeigte ein menschliches Auge, sehr groß, sehr schön und ausgesprochen detailgetreu. Es war mandelförmig, mit grünlich-brauner Pupille und von einem dichten Kranz dunkler Wimpern umgeben. Die beiden Freunde waren mehr als verdutzt. Eines aber war nach so vielen Versuchen klar: Die Kamera »wollte« heute keine Fotos machen, und das Auge blieb unerschütterlich dort, wo es war. Also beendeten sie ihr Fotoshooting und gingen nach Hause, wo sie bei einer guten Tasse Tee versuchten, sich einen Reim auf das Ganze zu machen.

Irgendwann aber fiel es Irene wie Schuppen von den Augen. Zunächst einmal war da ja das Symbol des Dritten Auges, das für Weisheit und Einsicht stand. Dann war da Irenes Gewohnheit, jede Unterschrift in einem stilisierten Auge auslaufen zu lassen, das gleichsam ihr »Markenzeichen« darstellte. All dies brachte sie zu dem Schluss, dass das anstehende Projekt für sie nicht das Richtige war, denn sonst wären die Fotos zweifellos gelungen. Diese Begebenheit bestätigte nur die Zweifel, die Irene schon lange gehegt hatte. Sie wusste nun, dass sie absagen musste. Augen sind die Fenster der Seele, und das Auge dieses Engels sagte Irene, sie solle ihren innersten Empfindungen folgen.

Der Schmetterling

Symbole sind die Sprache der Engel. Damit zeigen sie uns, dass es unseren Lieben gut geht und sie uns lieben und über uns wachen, selbst wenn sie das irdische Reich längst verlassen haben. Kathy, die ihre verstorbene Mutter sehr vermisste, erfuhr dies am eigenen Leib.

Jean, Kathys Mutter, war ein ganz besonderer Mensch gewesen, wie jeder, der sie kannte, bestätigen wird. Sie hatte es nicht leicht gehabt im Leben: Im Alter von fünfunddreißig Jahren war sie an Kinderlähmung erkrankt. Von diesem Moment an war sie behindert. Mit fünfundfünfzig Jahren stellte man bei ihr Brustkrebs fest. Diese neue Erkrankung verlangte ihrem Körper offensichtlich zu viel Kraft ab, und so starb Jean. Kathy erzählt, sie könne den Schmerz und die Einsamkeit, die sie nach dem Tod ihrer Mutter überfielen, kaum mit Worten beschreiben. »Jean war«, meinte ihre Tochter, »nicht nur meine Mutter. Sie war auch meine beste Freundin.«

Das Wochenende des 4. Juli rückte näher, und ganz Amerika bereitete sich auf die Feiern zum Unabhängigkeitstag vor. Kathy, ihre Schwester und ihr Vater aber waren nicht gerade in Festtagslaune. Also fuhren sie miteinander nach Michigan, wo sie eine Hütte im Wald besaßen. Dort war alles voller Erinnerungen an die geliebte Verstorbene. Der nächste Tag begann friedvoll und sonnig, daher beschloss Kathy, sich mit einem Buch auf die Veranda zu setzen. Marsha, Kathys Schwester, schloss sich ihr an, und so saßen die beiden in ihre Bücher vertieft in der Sonne.

Plötzlich landete ein wunderschöner Schmetterling in den leuchtendsten Farben genau auf Kathys Arm. Er war groß und wunderbar schwarz und blau gefärbt. So still saß er, dass man hätte meinen können, er sähe Kathy an! Langsam begann er, sich auf Kathys Arm zu drehen. Leise flüsterte sie ihrer Schwester zu: »Marsha, sieh auf meinen Arm.« Der Schmetterling schien den Schwestern etwas mitteilen zu wollen, eine Botschaft, in der es nicht nur um Schönheit ging, sondern auch um Freiheit und Glück.

Marsha sagte sofort: »Weißt du, was das bedeutet?« Und Kathy antwortete: »Ja. Gott lässt uns wissen, dass Mama im Himmel ist – schön, gesund und frei.« Erstaunlicherweise blieb der Schmetterling volle dreißig Minuten auf Kathys Arm sitzen – ein wahres Wunder.

Einige Wochen später gab ein Arbeitskollege Kathy ein Buch über die Bedeutung von Träumen. In diesem Buch fand sie das Bild eines Schmetterlings: blau, mit schwarzer Zeichnung, das vollkommene Abbild des Tieres, das so lange auf Kathys Arm gesessen hatte. Die Bildunterschrift lautete: »Schmetterlinge dienen häufig als Symbol für die Seele und ihre Wandlung nach dem Tod.« Auch dies nahm Kathy als Bestätigung dafür, dass es ihrer Mutter gut ging und sie im Himmel glücklich war.

Kathy arbeitete für einen Arzt, der viele Patienten hatte. Eines Tages, kurz nachdem Kathy das Bild in dem Buch entdeckt hatte, kam eine Dame zur Untersuchung. Als die Tests vorüber waren, lächelte Kathy der Dame zu. Sie kannte sie, hatten sie doch im selben Viertel gelebt, als Kathy noch ein Kind war. Natürlich kannte die Dame auch ihre Familie, und so gab sie das Lächeln zurück und sagte zu Kathy: »Ich habe etwas für Sie.« Gespannt fragte Kathy sich, was das wohl sein mochte. Da zog die Dame ein Päckchen aus ihrer Handtasche. »Vor vierundvierzig Jahren hat Ihre Mutter das für mich gemacht. Ich habe es so lange aufbewahrt, aber jetzt denke ich, Sie sollten es bekommen.« Mit diesen Worten reichte sie Kathy ein Taschentuch aus Leinen, dessen Ecke mit einem wunderschönen, in Schwarz und Blau gehaltenen Schmetterling bestickt war! Bei diesem Anblick liefen Kathy die Tränen über die Wangen, und die Dame meinte erschrocken: »O, es tut mir so Leid. Ich wollte Sie nicht belasten.«

»Nein, ich weine vor Freude«, antwortete Kathy. Dann erzählte sie der Dame von dem Schmetterling bei der Hütte und von dem Bild in dem Buch. »Und jetzt kommt auch noch dieses wunderschöne Geschenk, von meiner Mutter selbst gemacht.« Nun, Kathy weinte, weil Gott ihr so viel Liebe und Mitgefühl zeigte und sie immer wieder wissen ließ, dass ihre Mutter in seiner Obhut gut aufgehoben war.

Die berühmte Psychologin Elisabeth Kübler-Ross, die 2004 in Scottsdale in Arizona starb, hatte stets wiederholt, am stärksten sei ihr Leben von Schmetterlingsbildern beeinflusst worden. Sie war nach dem Krieg als Helferin in ein Konzentrationslager gekommen. Dort hatte sie, an den Wänden der Barracken, Hunderte von Schmetterlingsbildern gefunden – Sinnbilder der Wiedergeburt inmitten des Todes. Dieser Anblick, so Kübler-Ross, habe sie für den Rest ihres Lebens geprägt.

Engel-Affirmationen

Ich bin dankbar für mein Leben
und meinen Engel der Erkenntnis.
Ich schaffe vollkommene Gesundheit für mich selbst.
Ich nehme die wunderbaren Erfahrungen
meines Lebens dankend an.

Engelschwingungen

Mobiltelefone sind wirklich nicht jedermanns Sache. Ganz allgemein ist es wohl so: Je älter wir sind, desto weniger neigen wir dazu, eines zu benutzen. Teenager hingegen scheinen mit ihrem Handy mitunter so verwachsen, dass man es eines Tages vermutlich chirurgisch entfernen muss. Zwanzig- bis Dreißigjährige vereinbaren mit dem Handy ihre geschäftlichen und privaten Termine, vorzugsweise im Zug, wenn ich auf Reisen bin. Vierzig- bis Fünfzigjährige kontrollieren damit ihre halbwüchsigen Kinder und vereinbaren für die Katze einen Termin beim Tierarzt. Die über Sechzigjährigen hingegen betrachten das Mobiltelefon als reinen Helfer in Notfällen. Sie können sich daher meine Überraschung vorstellen, als ich eines Tages im Zug auf eine über achtzigjährige Dame traf, die während der ganzen Fahrt mit wachsender Begeisterung Textbotschaften mit ihrem Handy verschickte!

Debe beschloss, dass ihr Vater nun wirklich ein Mobiltelefon haben sollte. »Nur für den Fall der Fälle!«, sagte sie zu ihm. Was dieser Fall der Fälle sein könnte, wusste sie selbst nicht so genau, doch sie war einfach sehr viel ruhiger, seit ihr Vater das Handy immer bei sich trug. Der einzige Mensch, der seine Handynummer hatte, war Debe. Sie rief ihn aber nur selten an, weil sie wusste, wie sehr es ihn verwirrte, wenn das Ding klingelte und er nicht wusste, auf welchen Knopf er drücken sollte! Trotzdem trug er es – wie versprochen – immer brav mit sich herum. Debe wusste also, dass sie ihn im Notfall erreichen konnte und er sie.

Eines Vormittags machten Debes Eltern einen Einkaufsbummel, wobei sie auch beim Juwelier vorbeischauen wollten. Weil sie dort warten mussten, sahen sie sich etwas um. In der Auslage entdeckten sie eine Auswahl riesiger, beinahe protziger Ohrringe. Debes Eltern fanden das amüsant, und das hatte einen bestimmten Grund: Debes Vater, Ralph, hatte seiner Mutter sehr nahe gestanden. Ihre kleinen Schwächen hatten ihn immer zum Schmunzeln gebracht, so auch ihr Faible für auffälligen Modeschmuck. Und so musterten Debes Eltern die Stücke und meinten übereinstimmend: »Ma würde das bestimmt gefallen!« Kichernd verließen sie den Laden, und Ralph erinnerte sich frohen Herzens daran, was seine Mutter für ein Mensch gewesen war und wie sehr er sie geliebt hatte. Plötzlich begann das Mobiltelefon in seiner Hosentasche zu vibrieren, was an sich schon ein Ereignis war. Ralph nahm das Handy aus der Tasche und drückte auf den Knöpfen herum. Scheinbar hatte er eine Textbotschaft erhalten. Er schaffte es, sie zu laden, doch als er sie las, zuckte er ungläubig zusammen: »In Liebe, Ma!« stand da. Drei Mal hintereinander. Ralph traute seinen Augen nicht. Tief bewegt las er die Worte ein ums andere Mal. Er war in solchen Dingen immer ein Skeptiker gewesen. Jetzt aber war er vollkommen sicher, dass seine geliebte Mutter ihm eine Botschaft hatte zukommen lassen.

Alles, was ich bin oder zu werden hoffe, verdanke ich einem Engel: meiner Mutter.

Abraham Lincoln

Ein himmlischer Schlüssel!

Aus der Erkenntnis erwächst manchmal die nötige Energie für ein Wunder. Die Zügel Ihres Lebens liegen allein in Ihrer Hand. Sie können das Beste daraus machen oder das Schlechteste. Es liegt nur an Ihnen! Sie haben die Macht, alles zu verändern. Nutzen Sie diese Macht, um im JETZT zu leben. Handeln Sie nach Ihrer Einsicht, Ihren Gefühlen, Gedanken, Schwingungen, nach den Ratschlägen Ihrer geistigen Führer. Ihr Engel der Erkenntnis gibt Ihnen die Erlaubnis, vorwärts zu gehen und zum Schöpfer Ihres Glücks zu werden.

Sphärenklänge

Wie wir bisher sehen konnten, wählen der Himmel und seine Engel immer die richtigen Kanäle aus, um mit uns zu kommunizieren. Dies gilt ganz besonders für Karen und ihre wunderbare Geschichte über ihren Großvater. Harry, Karens Großvater, hatte seine Frau verloren. Die Familie machte sich große Sorgen um ihn, da er längst in Pension war und nach diesem Schicksalsschlag recht verloren wirkte. Daher entschieden Karens Eltern, dass Harry zu ihnen ziehen sollte. Gesagt, getan.

Der Umzug allerdings gestaltete sich nicht so ganz einfach. Karen war zu jener Zeit noch ein Baby und hatte mehrere ältere Geschwister. Trotzdem bekam Großvater sein eigenes Zimmer, damit er sich auch zurückziehen konnte, wenn die Kinder ihm zu viel wurden! In der Folge wurden Karen und ihr Großvater dicke Freunde. Er nahm die Kleine immer wieder mit in sein Zimmer und passte auf sie auf. Sie hingegen schenkte ihm nach dem Verlust seiner Frau allen Trost, den er brauchte. Und so fand er sich schnell in seine Rolle innerhalb der Familie, und jeder war glücklich.

Harry und seine Enkelin liebten einander innig. Wo immer er hinging, Karen musste dabei sein. Sie gingen miteinander spazieren, plauderten, erzählten einander Geschichten und hatten bald eine sehr enge Beziehung. Äußerlich sah Harry ja aus wie der Weihnachtsmann – mit einem stets vergnügten Lächeln, weißem Haar und lustigen blauen Augen. Als Karen größer wurde, war sie das einzige Kind, das in Großvaters Zimmer durfte. Er hatte einen kleinen Stuhl für sie gepolstert, sodass sie es bequem hatte, wenn er ihr Geschichten erzählte. Auf dem Kamin in Großvaters Zimmer stand eine wunderbare Uhr mit Glockenspiel. Diese Uhr ließ ihre Glöckchen immer im passendsten Moment der Geschichte erklingen! Karen liebte sie. In ihrer Erinnerung war die Uhr eng mit ihrem Großvater verbunden. Die Jahre vergingen, und zu ihrer gegenseitigen Freude blieb ihr Verhältnis so innig.

Als Karen acht Jahre alt war, erhielt ihr Großvater eine Nachricht aus Kanada. Seinem Bruder ging es nicht besonders gut. Da die Brüder einander lange nicht gesehen hatten, beschloss Harry, nach Kanada zu fliegen und ihn zu besuchen. Leider erlitt er dort mehrere Herzinfarkte, und so dauerte es viele Monate, bis er wieder nach England zurückkehren konnte. Karen verzehrte sich förmlich vor Sehnsucht nach ihrem Großvater. Jeden Tag ging sie in sein Zimmer und hörte dem Glockenspiel zu, das sie in ihrem Kummer tröstete.

In dieser Zeit begann Karen des Öfteren von ihrem Großvater zu träumen. Es war immer der gleiche Traum: Er stieg aus einem schwarzen Auto, trug einen Koffer in der Hand und lächelte. Eines Tages wurde dieser Traum wahr: Großvater kam in einem schwarzen Taxi nach Hause. Er trug einen Koffer in der Hand und lachte über das ganze Gesicht. Jeder freute sich, ihn endlich sicher wieder zu Hause zu sehen. Als Karen zwölf war, starb ihr Großvater, und sie wusste, dass sie nicht nur ihren Opa verloren hatte, sondern auch ihren allerbesten Freund. Sie vermisste ihn schrecklich.

Viele Jahre später heiratete Karen und zog in ein eigenes Haus. Sie fragte ihre Mutter, ob sie Großvaters Uhr mitnehmen könne, und natürlich bekam sie diese. Sie gab ihr einen Ehrenplatz auf dem Kamin, und so läuteten die Glöckchen wieder jeden Tag für Karen. Stellen Sie sich vor, wie unglücklich sie war, als einige Jahre später ihr lebhafter, kleiner Sohn die Uhr vom Kamin warf. Danach war sie kaputt und konnte nicht mehr repariert werden. Doch Karen behielt das gute Stück und putzte es fleißig, aber das vertraute Ticken und das Glockenspiel fehlten ihr.

Kurz darauf konnte Karen nachts nicht schlafen. Sie machte sich Sorgen um ein Familienmitglied, das erkrankt war, und wälzte sich im Bett, ohne ein Auge zutun zu können. Mit einem Mal hörte sie den Schlag des Glockenspiels. Ungläubig stieg Karen die Treppe hinunter, doch die leisen Töne verklangen bereits. Karen fragte sich, wie dies nur sein konnte. Sie hatte die Uhr zu zahlreichen Uhrmachern geschleppt. Jeder einzelne hatte bedauert, ihr nicht helfen zu können, aber die Uhr sei nicht zu reparieren. Am nächsten Tag fand die Familie unzählige »logische« Begründungen für das, was geschehen war, doch keine erwies sich als stichhaltig. Es gab einfach keine rationale Erklärung. Dabei war dies erst der Auftakt. Wann immer Karen sich ihrer Familie oder Freunde wegen sorgte, begann die Uhr zu ticken, und das Glockenspiel erklang.

Schließlich wurde Karen bewusst, dass dies ihr Großvater sein musste, der auf diesem Weg versuchte, ihr nahe zu sein. Dass dies stimmte, sollte sich wenig später erweisen.

Karens Eltern lebten immer noch in dem großen, alten Haus, in dem sie sieben Kinder großgezogen und sich um Harry gekümmert hatten. Natürlich hatten sie mittlerweile viele Enkel. Es wäre für sie viel zu anstrengend gewesen, all ihre Kinder zu besuchen, daher vereinbarte man, sich stattdessen in dem alten Haus zu treffen. Daher war es immer voller Menschen und voller Lachen. Dieses »Besuchssystem« funktionierte einwandfrei.
Es war daher recht ungewöhnlich, dass Karen eines Morgens Besuch von ihren Eltern erhielt. Überrascht sah sie die beiden den Weg zum Haus heraufkommen und öffnete voller Freude die Tür: »Wie schön, euch zu sehen!«, rief sie. Als Karens Mutter eintrat und ihre Tochter umarmte, begann die Uhr auf dem Kamin laut zu ticken, und das Glockenspiel erklang! »Seht ihr, auch Großvater freut sich, euch zu sehen!«, lachte Karen.

Eine musikalische Brücke

Jeder Mensch weiß, wie tröstlich Musik in schwierigen Zeiten sein kann. Für viele Menschen ist Musik in Zeiten des Kummers eine Quelle des Trostes. Manche lassen sich von ihr in den Schlaf wiegen. Musik ist so sehr Teil unseres Lebens, dass ich manchmal das Gefühl habe, einen Menschen gut zu kennen, wenn ich weiß, was er gerne hört. Interessant ist auch, wie unser Musikgeschmack sich im selben Maße verändert wie wir selbst. Musik

kann Erinnerungen auslösen, uns liebe Menschen oder vertraute Orte wieder ins Gedächtnis rufen. Häufig berichten mir Menschen, welch wichtige Rolle ein bestimmtes Musikstück in ihrem Leben gespielt hat.
Die amerikanische Schlagersängerin Donna Summer zum Beispiel erzählte mir von der Zeit, als sie in Deutschland war und zufällig das Radio einschaltete. Man strahlte einen Barry-Manilow-Song aus. Im Text kamen die Worte *spirit move me* vor, »Nimm mich mit, göttlicher Geist«. Unerklärlicherweise, meint sie, sei ihr dabei ein Schauer über den Rücken gelaufen. Irgendwie habe sie damals geahnt, dass diese Worte für sie bestimmt waren. Später erfuhr sie, dass ihre Großmutter in eben jenem Augenblick gestorben war.
Häufig können wir durch ein Musikstück die Verbindung zu lieben Menschen aufrechterhalten, selbst wenn uns dies öfter passieren muss, damit wir diese Art der Kommunikation auch akzeptieren. Victorias Geschichte ist hierfür der beste Beweis:
Zwillinge, so heißt es im Volksmund, seien auf geheimnisvolle Weise miteinander verbunden, sowohl auf der seelischen als auch auf der körperlichen Ebene. Man hört nicht selten, dass ein Zwilling Schmerzen hat und der andere sie ebenfalls spürt. Victoria und Esther allerdings hatten so etwas noch nie erlebt. »Wir standen uns zwar nahe wie die meisten Schwestern«, erzählt Victoria, »doch irgendwelche übersinnlichen Bande schien es zwischen uns nicht zu geben.« Trotzdem hatten die Mädchen natürlich viel gemeinsam. Eine dieser Gemeinsamkeiten war ihre Liebe zur Musik. Vivaldis »Vier Jahreszeiten«

war das Lieblingsstück der beiden, und so klang es häufig aus dem gemeinsamen Schlafzimmer im Oberstock des elterlichen Hauses.

Am achtzehnten Geburtstag der Mädchen war das Haus voll. Familie und Freunde wollten ihnen nicht nur zum Geburtstag gratulieren, sondern ihnen auch für die Zukunft alles Gute wünschen, denn Victoria und Esther würden demnächst das Haus verlassen, um in einer anderen Stadt zu studieren. Als die Mädchen den Kuchen anschnitten, spielten sie einmal mehr die *Vier Jahreszeiten* und erklärten, der nächste Herbst würde wohl der aufregendste ihres bisherigen Lebens werden.

Zu Victorias großer Überraschung vermisste sie ihre Schwester schrecklich, als sie das Studium aufgenommen hatte. Esther hatte sich für ein Fach eingeschrieben, das es nur an einer Universität am entgegengesetzten Ende des Landes gab, und so war es vorbei mit den langen Gesprächen. Beide Schwestern litten unter der Trennung, doch Victoria war von Natur aus schüchtern, sodass es ihr nicht leicht fiel, neue Freunde zu finden. Nur zu bald bemerkte sie, dass sie sich in sozialer Hinsicht bisher immer auf ihre Schwester verlassen hatte.

Schon neigte sich das erste Vierteljahr an der Uni seinem Ende zu. Weihnachten rückte näher. An einem Freitagabend schien jeder der Mitstudenten ausgegangen zu sein, und Victoria fühlte sich schrecklich einsam. Um sich nicht ganz so allein zu fühlen, schaltete sie das Radio ein: Erfreut stellte sie fest, dass die *Vier Jahreszeiten* gespielt wurden. Die Musik tröstete sie sogleich. Ein paar Minuten später läutete das Telefon. Ihre Schwester war am Apparat und erzählte ihr, dass sie gerade das Radio eingeschaltet habe und dass man die *Vier Jahreszeiten* spiele. Dies war der erste Hinweis darauf, dass die Mädchen eine Verbindung zueinander hatten, die über das übliche Maß hinausging. Über diese Entdeckung waren die beiden überglücklich. Erstaunlicherweise blieb ihnen diese Art von »zufälligem Zusammentreffen« auch später erhalten. Immer wieder war es Vivaldis Stück, das die beiden zusammenbrachte. Dies geschah meist in wichtigen Situationen ihres Lebens und zog sich über Jahre hin. »Wir beide glauben, dass dies ein Geschenk unserer Engel ist«, erzählte mir Victoria. »Sie überbrücken die physische Entfernung zwischen uns mit dieser himmlischen Musik.«

Engelgebet

Mögen die Engel mir
Einsicht, Weisheit und Liebe schenken.
Mögen meine Engel mich stets zur rechten Zeit
an den rechten Ort führen.

Auf Wiedersehen

Es war ein wunderschöner Freitagmorgen Anfang Mai. Ein Blütenrausch hüllte die Bäume ein, und der Himmel war von jenem wundervollen Blau, das am Frühlingsanfang so häufig unsere Seele belebt. So beschloss Kate, dass sie und ihr Mann heute auf der Terrasse frühstücken würden. Es würde kein ausgedehntes Frühstück werden, da beide bald zur Arbeit mussten, doch auf diese Weise würde der Tag wenigstens hübsch beginnen. Also stellte sie Cornflakes und Toast auf den kleinen Tisch vor dem Haus. Peter lachte, als er Kates Begeisterung für das Frühstück im Freien spürte. »Es tut mir Leid, dass ich den friedlichen Morgen stören muss, doch ich fürchte, bei mir wird es heute Abend sehr spät werden.«

Kate sah ihn entgeistert an: »Aber ich habe mich so auf das Abendessen im Restaurant gefreut. Und auf das Kino ...«, warf sie ein. »Wir hatten doch ohnehin eine recht arbeitsreiche Woche.«

Peter entschuldigte sich nochmals und erklärte, dass er mit den Vorbereitungen für die am Montag beginnende Konferenz, die er zu organisieren hatte, leider noch hinterherhinkte. Doch wenn er heute Abend Überstunden machte, meinte er, könnte er sich den ganzen Samstag freinehmen. Kate verstand und gab zurück, dass ein Samstag zu zweit toll wäre. Sie würde sich etwas Hübsches ausdenken, was sie miteinander unternehmen konnten. Dann gab Peter ihr einen Abschiedskuss und fuhr los.

Kate kam ein wenig später in ihrem Büro an. Auch sie beschloss, alle anstehenden Arbeiten heute zu erledigen, damit sie das Wochenende freinehmen konnte. Da sie sich gerade als Finanzberaterin selbstständig gemacht hatte, hatte sie ebenfalls viel zu tun. Doch in ihren Augen war all dies der Mühe wert: Ihr Geschäft lief allmählich an, und sie empfand ihren Beruf als tief befriedigend. Heute, sagte sie sich, würde sie die Mittagspause ausfallen lassen. Sie würde nur ein Sandwich am Schreibtisch verzehren und endlich einmal den ganzen Papierkram aufarbeiten.

Gegen vier Uhr nachmittags läutete das Telefon. Kate seufzte, als sie den Hörer abhob. Sie hoffte, dies würde kein langes, kompliziertes Gespräch werden. Erstaunt horchte sie auf, als sich am anderen Ende der Leitung das Krankenhaus meldete. Man bat sie, schnellstmöglich zu kommen. Ihr Mann habe einen Herzinfarkt erlitten. Kate spürte, wie sie innerlich zu Eis erstarrte. Von Kopf bis Fuß zitternd griff sie nach dem Autoschlüssel und stürzte aus dem Büro.

Die folgenden Tage vergingen in tiefer Trauer, die alles andere überlagerte. Peter war gestorben, bevor sie ins Krankenhaus gekommen war, und ihr Verstand konnte diese Tatsache einfach nicht akzeptieren. Am Montagmorgen ging eine Freundin mit ihr zur Stadtverwaltung, um den Tod Peters zu melden. Dann schauten die beiden Frauen kurz in Kates Büro vorbei und besprachen den Anrufbeantworter neu: Kate würde auf absehbare Zeit nicht ins Büro kommen können. Wie ein Automat erledigte Kate die üblichen Formalitäten und arrangierte die Beerdigung. Sie fühlte sich, als lebe sie das Leben einer vollkommen anderen Person.

Etwa drei Wochen später beschloss sie, dass sie nun ins Büro zurückmusste. Zum einen konnte sie es sich nicht leisten, weiter zu Hause zu bleiben, zum anderen wollte sie auch endlich wieder etwas tun. Allein die Tür ihres

kleinen Büros zu öffnen kam ihr schon völlig unwirklich vor. Sie hatte das Gefühl, dass es Jahre her war, seit sie an diesem Schreibtisch gesessen hatte. Hinter der Tür lag ein Berg Post, und das Lämpchen des Anrufbeantworters flackerte. Sicher waren zahllose Anrufe abzuhören. Nachdem Kate sich eine Tasse Kaffee aufgebrüht hatte, setzte sie sich. Irgendwo musste sie ja anfangen. Also drückte sie auf den Knopf des Anrufbeantworters. Laut und klar erklang die erste Botschaft auf dem Gerät: »Hallo, mein Liebes! Ich melde mich bald wieder. Ich liebe dich. Auf Wiedersehen.« Es war Peters Stimmc.
Verblüfft starrte Kate den Apparat an. Sie hatte jede einzelne Botschaft gelöscht, bevor sie damals mit ihrer Freundin die Tür zum Büro hinter sich zugezogen hatte. Und das Datum, das der Anrufbeantworter zeigte, war das von Peters Beerdigung! »Es ist unmöglich, ich weiß«, sagt sie. »Aber ich habe es aufgegeben, nach einer Erklärung zu suchen. Ich glaube einfach, dass dies Peters letzte Worte an mich waren, und ich werde dieses Band mein Leben lang aufbewahren.«

Die Geschichten in diesem Kapitel tragen dazu bei, dass wir unsere Augen öffnen und unsere Wahrnehmung für die vielen Botschaften schärfen, mit denen Engel versuchen, uns beizustehen. Manchmal tauchen Engel in der alltäglichen Gestalt »normaler« Menschen völlig unerwartet gerade zur passenden Zeit in unserem Leben auf. Um mit uns Kontakt aufzunehmen, bedienen sie sich modernster Kommunikationsmittel und zeigen uns so, dass das Leben mit dem Tod keineswegs zu Ende ist.

Engelsegen

Mögen die Engel in ihrer Vollkommenheit
jede sinnvolle Tat mit Wundern, Visionen
und ihrem tätigen Beistand unterstützen.

KAPITEL 6

Die Engel der Farbe und des Lichts

Engel, Farben und Licht sind auf magische Weise miteinander verknüpft. Jedem Erzengel wird eine eigene Farbe zugeordnet. So ist die Farbe des Erzengels Chamael beispielsweise Pink, die des Erzengels Michael Blau. Es heißt auch, dass die Engel mit ihren Schwingungen die Chakren aktivieren. Wer sich je mit Yoga beschäftigt hat, wird diesen Begriff kennen. Das Wort *chakra* kommt aus dem Sanskrit und bedeutet »Rad«. In den Chakren sammelt sich Prana, die Lebensenergie, die unseren Körper durchströmt. Die sieben Hauptchakren sind: das Kronenchakra, das Dritte Auge, das Halschakra, das Herzchakra, der Solarplexus, das Kreuzbein-Chakra (am Unterbauch) und das Energiezentrum am untersten Punkt der Wirbelsäule. So gesehen aktiviert Chamaels pinkfarbenes Licht das Herzchakra (das für Liebe steht), während Michaels blaue Energie das Halschakra anregt (das Glaube und Schutz symbolisiert).

Der Philosoph und Mystiker Emanuel Swedenborg lehrte, dass die Farben für den Geist des Engels stünden. Über die Gewänder der Engel schrieb er: »Die Gewänder der Engel entsprechen ihrem Geist. Einige davon funkeln wie Feuer, andere strahlen wie Licht. Wieder

andere haben mehrere Farben oder sind weiß bzw. dunkel.«
Die folgenden Geschichten zeugen davon, wie wichtig Farben und Engel in unser aller Leben sind.

Pink

Manchmal schenken die Engel uns in besonderen Situationen auch ein wenig von ihrem himmlischen Licht. Wie wir sehen werden, ist Licht eine wahre Gabe der Engel. Es erhebt unsere Seele, wenn wir in Schwierigkeiten sind, und wenn wir Liebe empfinden, fühlen wir das innere Licht. In den folgenden Geschichten allerdings geht es mehr um traditionelle Lichterscheinungen, die Räume erhellen und erleuchten.
Als die Geburt ihres Babys näher rückte, stieg Amys Spannung an. In dieser Situation war es vor allem ein Gedanke, der sie – wie alle Eltern – beherrschte: der Wunsch, das Kind möge gesund sein. Sowohl von ihrer Seite als auch von der ihres Mannes würde dies das erste Kindeskind in der Familie sein. Alle, auch die Großeltern, erwarteten es mit Spannung. Bedauerlicherweise hatten sich im Laufe der Schwangerschaft Komplikationen ergeben, sodass Amy der Geburt nicht völlig sorgenfrei entgegenblicken konnte. Doch das Team in der Klinik versicherte Amy, dass dies kein ernsthaftes Problem sei und man auf Schwierigkeiten jeder Art bestens reagieren könne.

Eines schönen Frühlingsmorgens war Amy sicher, dass es nun an der Zeit war, in die Klinik zu fahren. Stephen, Amys Mann, trug Amys Tasche mit zitternden Händen zum Wagen, und schon bald darauf ging es los. Der Raum, in dem man Amy und Stephen unterbrachte, war hell und luftig. An den Wänden standen allerlei Gerätschaften bereit. »Sieht so aus, als wären wir für alles gerüstet«, meinte Stephen. Zunächst schien alles gut zu gehen. Doch nach einigen Stunden wurde der Arzt gerufen. Die befürchteten Komplikationen waren eingetreten, und so bereitete man Amy für den Operationssaal vor.

Amy war außer sich vor Angst und fest davon überzeugt, sie würde nun ihr Kind verlieren. Als man sie in den OP rollte, kämpfte sie mit den Tränen. Wie oft Ärzte und Krankenschwestern ihr auch versichern mochten, dass alles gut gehen würde, Amy glaubte ihnen einfach nicht. Zitternd betete sie: »Lieber Gott und alle Engel, bitte helft mir.«

Plötzlich waren der Arzt und die Schwestern verschwunden. Amy sah sich um. Sie war von hellem, pinkfarbenem Licht umgeben und entspannte sich angesichts des schönen Schimmers. Das Gefühl war einfach wunderbar. Alle Angst fiel von ihr ab. Stattdessen erfüllte sie eine tiefe Zufriedenheit. Als das Licht langsam verblasste, hörte sie erneut die Stimme des Arztes, der meinte, man würde ihr jetzt eine Epiduralanästhesie geben. Die Behandlung ging weiter, das Baby wurde geboren, und zur Erleichterung aller schrie es sogleich, was das Zeug hielt. Emma war da und brachte ihrer Familie Glück und Freude. Amy ließ sich beglückt in die Kissen sinken.

Sie war sehr erstaunt, als sie später hörte, dass Pink die Farbe der Liebe ist. Also hatte man sie in jener Nacht in die Liebe der Engel gehüllt.
Als Emma neun Monate alt war, sollte sie die Taufe erhalten. Ein wenig überrascht vernahm die ganze Familie, dass Amy ihre Tochter Emma Angela nennen wollte. »Aber wir hatten noch nie eine Angela in unserer Familie. Ist der Name nicht ein wenig seltsam?«, hieß es.
Doch die Eltern der Kleinen lächelten nur und sagten: »Wir geben ihr diesen Namen, um den Engeln zu danken, die bei ihrer Geburt geholfen haben.« Und Amy dachte: »Darüber könnt ihr euch nun den Kopf zerbrechen!«

Wie bereits gesagt, ist Pink die Farbe des Erzengels Chamael, der für Liebe und Schöpferkraft steht. Pink ist außerdem die Farbe des Herzchakras.

Ein himmlischer Schlüssel!

Wir alle verfügen über das Wissen, das wir brauchen, um erfolgreich zu sein. Wir müssen nicht reich sein, um Glück zu erfahren, doch es ist wichtig, dass Sie sich selbst und Ihre Bedürfnisse nicht verleugnen. Ihr geistiger Führer wird Ihnen helfen, all das zu erlangen, was Sie brauchen, um Ihr Ziel im Leben zu verwirklichen.

Gold

In unserer zweiten Farbengeschichte geht es ebenfalls um eine Geburt. Christine hatte wie Amy Schwierigkeiten bei den Wehen. Die moderne Medizin mit ihren Ärzten und Gerätschaften ist etwas Wunderbares, manchmal aber stellt die Natur sie dennoch vor schwierige Herausforderungen. Christine jedenfalls lag seit Stunden in den Wehen, und es lief keineswegs alles glatt. Sie fühlte sich schrecklich. Der Schmerz schien ihr jede Kraft zu rauben. Voller Verzweiflung fragte sie sich, ob diese Sache je zu einem guten Ende kommen würde. Hilflosigkeit übermannte Christine. Doch dann wurde von einer Sekunde auf die andere alles anders. Plötzlich hatte sie das Gefühl, durch flaumweiche weiße Wolken zu laufen, um sie herum der weite blaue Himmel. Alle Angst, aller Schmerz waren verschwunden. Christine spürte, wie ein tiefgoldenes Licht sie umgab, das sie mit Liebe und Frieden erfüllte. Von diesem Augenblick an verlief die Geburt normal.

»Dieses Gefühl werde ich mein ganzes Leben lang nicht mehr vergessen«, erinnert sich Christine. Doch sie hatte schon andere Momente erlebt, in denen sie den Einfluss der Engel gespürt hatte. »Ganz sicher habe ich einen Schutzengel«, erzählt sie glücklich. »Außerdem glaube ich fest, dass wir alle am Ende unseres Lebens in eine wunderschöne geistige Welt hinüberwechseln werden.«

Die Farbe Gold gehört zum Erzengel Uriel. Er steht für Frieden und Dienst am Nächsten. Gold ist die Farbe des Solarplexus.

Engelsegen

Oh ihr himmlischen Engel,
ich öffne die Tore des Lichts.
Mein Herz singt mit den lebendigen Wassern.
Frieden singt mein Herz.
Möge euer Licht meiner Seele den Weg weisen.

Orange

Der Begriff *orange* leitet sich ab von einem Sanskritwort, das übertragen »fruchtbar« bedeutet. Orange war die Farbe der frühkirchlichen Bewegungen, die Mönche waren in orangefarbene Roben gekleidet. In der menschlichen Aura steht diese Farbe für die Lebensenergie. Sie wird dem Kreuzbein-Chakra zugeordnet und symbolisiert Wohlbefinden, Freude und Glück.
Jacqueline fühlte sich seit jeher zu dieser Farbe hingezogen. So besaß sie beispielsweise eine orangefarbene Duftlampe, die für sie Ruhe und Frieden ausstrahlte. Daher nahm sie diese auch gerne abends mit ins Schlafzimmer. An diesem besonderen Abend hatte Jacqueline ihre

Lampe mit aromatischen Ölen gefüllt. Bald war der Raum voller warmer Düfte, sodass sie friedlich einschlummerte. Am folgenden Morgen aber nahm sie gleich nach dem Erwachen etwas höchst Merkwürdiges wahr. Am unteren Ende des Bettes hatte sich eine Gestalt zusammengerollt. Bei näherem Hinsehen entpuppte sich diese als weiblich. Die Gestalt schwebte eindeutig in der Luft. Sie hatte sich zu einer Kugel zusammengerollt und schien so etwas wie einen Ball in den Armen zu halten. Obwohl dies ein recht ungewöhnlicher Anblick für einen gerade erwachenden Menschen ist, empfand Jacqueline weder Überraschung noch Angst. Alles schien ihr vollkommen natürlich. Die ganze Szene war in warmes, leuchtend orangefarbenes Licht getaucht, bei dessen Anblick Jacqueline tiefes Glück empfand.

Nur zwei Wochen später merkte Jacqueline, dass sie schwanger war, was sie überglücklich machte. Jack, ihr kleiner Junge, ist ihr eine dauerhafte Quelle der Freude. An die Ereignisse des fraglichen Morgens erinnert Jacqueline sich immer noch mit bemerkenswerter Klarheit. Da sie Malerin ist, hat sie diese Szene viele Male auf der Leinwand festgehalten – als greifbare Erinnerung an das orangefarbene Licht eines Engels.

Orange und Gelb sind die Farben des Erzengels Jophiel, der die Gaben der Weisheit und der Einsicht verleiht. Sein Chakra ist das Energiezentrum am Solarplexus.

Violett

Eine der einschneidendsten Veränderungen in der Arbeitswelt ist die Tatsache, dass mittlerweile so viele Menschen zu Hause arbeiten können. Für Rob hatte dies noch einen weiteren Vorteil: Da er künftig zu Hause arbeiten würde, konnte er endlich umziehen. Die Vorstellung, die Großstadt endlich hinter sich zu lassen und in einer ländlichen Gegend zu wohnen, gefiel ihm, denn so würde seine Familie ein wesentlich geruhsameres Dasein führen können. Der einzige Nachteil war, dass man Robs verwitwete Mutter in der Großstadt zurücklassen musste.

Doch Rose, Robs Mutter, drängte die Familie, ihren Traum zu verwirklichen. Mehr als einmal wies sie ihren Sohn darauf hin, dass sie schließlich ein glückliches, erfülltes Leben führe, vollkommen gesund war und ihn mit ihrem kleinen Auto des Öfteren besuchen konnte. Schließlich waren alle beruhigt, und Rob traf Vorbereitungen für den Umzug. Bald zog man in ein hübsches kleines Dorf, das nicht mehr als eine Autostunde von der Stadt entfernt lag. Rose versprach, sie so oft wie möglich zu besuchen.

»Wir sind einfach selig!« – so beschrieb Rob das neue Leben der Familie. Verkehr, Lärm und Smog gehörten nun ein für alle Mal der Vergangenheit an. Ein ganzes Jahr verging, und sie bereuten ihren Entschluss nicht. Selbst Rose gefiel es, das Wochenende in der frischen Luft auf dem Land zu verbringen.

Eines Nachts arbeitete Rob bis spät in die Nacht hinein in

seinem neuen Büro, einer Hütte am anderen Ende des Gartens. Er stand auf und streckte sich ordentlich, bevor er den Computer endlich ausschaltete. Nach all den »Überstunden«, die er diese Woche gemacht hatte, würde er sich morgen einen Tag freinehmen. Er schaltete das Licht aus und drehte sich gerade um, um die Tür zu öffnen, als etwas Merkwürdiges geschah: Plötzlich war das Innere der Hütte von einem sanften violetten Licht erfüllt. Verblüfft fragte Rob sich, wo es wohl herkommen mochte. Die Hütte lag am Ende eines langen Gartengrundstücks, vom Haus durch dichten Baumbestand abgeschirmt. Hinter der Hütte aber erstreckten sich die Felder. Dort gab es keine Lichtquelle.
Zunächst nahm das Licht an Intensität noch zu, bis es Rob fast einhüllte. Allmählich aber verblasste es und ließ einen verwirrten Rob zurück, der seine kleine Hütte verließ und die Tür abschloss. Es war genau Mitternacht, als er zurück zum Haus ging und immer noch nach einer natürlichen Erklärung für den Vorfall suchte.
Bald darauf läutete das Telefon. Es war das Krankenhaus in der Stadt, in der sie früher gelebt hatten. Voller Entsetzen musste Rob hören, dass seine Mutter einen schweren Herzanfall erlitten und bald darauf gestorben war. Schnell zog er sich an und fuhr ins Krankenhaus.
Man sagte Rob, dass seine Mutter von ihrem Anfall nicht viel gemerkt hatte. Sie hatte Freunde besucht, hatte dort das Bewusstsein verloren und war noch lebend im Krankenhaus angekommen. »Doch sie hat nicht mehr gelitten«, versicherte man ihm. Als er jedoch hörte, dass Rose genau um Mitternacht gestorben war, begann er zu zit-

tern. Es war für ihn ein großer Trost, dass seine Mutter sich von ihm mit einem Engelsgruß verabschiedet hatte, obwohl er in ihrer Todesstunde nicht bei ihr war.

Violett ist eine spirituelle Farbe. Traditionell steht sie für Trauer, aber auch für Gedenken. Zadkiel ist der Erzengel, dem diese Farbe zugeordnet wird. Er steht für Freiheit und ist mit dem Dritten Auge verbunden, dem Chakra in der Mitte über unseren Augenbrauen. Die alten Kulturen glaubten, dass dort der Sitz der Seele sei.

Weiß

Tara war ein großer, cremefarbener Labrador. Der ganze Haushalt liebte Tara innig, und sie war dementsprechend verwöhnt. Sie gehörte der Familie O'Gara. Die O'Garas konnten sich mit dem Gedanken, dass ihr geliebter Hund bereits recht alt und gebrechlich geworden war, einfach nicht anfreunden. Taras Lieblingsplatz war ein weicher Kaminvorleger. Dort legte sie sich immer öfter hin, je älter sie wurde, und hielt ihr kleines Schläfchen. Eines Tages aber stand die Entscheidung an, ob man Tara weiter Schmerzen erleiden lassen oder ihr dies ersparen sollte. John nahm es auf sich, Tara zum Tierarzt zu bringen, während Pauline, seine Frau, zu Hause warten würde. Der Abschied fiel Pauline schwer, doch sie wusste auch, dass dies für Tara das Beste war.

Zehn Minuten vor neun Uhr morgens saß Pauline mit einer Tasse Kaffee im Wohnzimmer. Ihr Blick ruhte auf Taras Teppich, wo sie normalerweise um diese Zeit ein Nickerchen hielt, und Pauline fragte sich, ob ihr Hund wohl schon den letzten Schlaf gefunden hatte. An diesem Tag war der Himmel diesig und bewölkt, doch mit einem Mal fiel ein breiter Lichtstrahl durchs Fenster herein und erhellte eben jenen Fleck, an dem Tara immer ihr Schläfchen gehalten hatte. Das Licht war strahlend weiß und strahlte tiefe Liebe aus.

Kurz darauf kam John vom Tierarzt zurück und erzählte, Tara habe die Augen geschlossen und sei friedlich eingeschlafen. »Eine Sache aber war seltsam«, meinte John. »Gerade als Tara die Augen schließen wollte, kam ein heller Lichtstrahl durchs Fenster der Praxis und hüllte sie ein.«

Der Tierarzt selbst hatte überrascht bemerkt, dass heute der Himmel doch ziemlich grau sei. Die Sonne war überhaupt nicht zu sehen. »Wo das wohl herkommt?«, fragte er John. Doch der war, so erzählte er Pauline, genauso erstaunt wie der Arzt.

»Um welche Zeit war das?«, fragte Pauline.

»Nun«, antwortete John, »das muss wohl so um zehn vor neun gewesen sein, weil ich auf die Uhr gesehen habe, als Tara die Augen schloss.«

In diesem Moment wusste Pauline, dass Tara sich von ihnen beiden genau zur selben Zeit verabschiedet hatte. »Tara ist jetzt bestimmt bei den Engeln«, meinte sie.

Weiß ist die reinste Form des Lichts. Es steht für Reinheit, Unschuld und Hoffnung. Die Farbe hatten die ersten Priester für sich gewählt. Weiß ist die Farbe des Ostermorgens. Sie gehört zum Erzengel Gabriel, der ebenfalls für die Eigenschaften der Hoffnung und der Freude steht. Weiß ist die Farbe des Höheren Selbst.

Engelmeditation

Setzen oder legen Sie sich in einem abgedunkelten Raum bequem hin. Visualisieren Sie sich selbst – umgeben von einer Wolke purpurfarbener Lichtenergie. Öffnen Sie Ihr Herz und Ihren Geist. Laden Sie Ihren Schutzengel des Lichts in Ihr Herz und Ihr Leben ein.

Wiederholen Sie still für sich folgendes Gebet:

> *Mein Herz singt vor Liebe für meinen Engel des Lichts.*

Öffnen Sie sich der Engelsenergie, sodass sie Ihr gesamtes Sein durchdringt. Wenn Sie das Gefühl haben, »fertig« zu sein, danken Sie Ihrem geistigen Führer und gleiten Sie zurück ins Bewusstsein der Außenwelt.

Ein Lichtführer

Als Alan zehn Jahre alt war, beschloss seine Familie ihr Heimatland Wales zu verlassen und in Neuseeland ein neues Leben anzufangen. In Neuseeland gibt es nicht nur großartige Landschaften, es gibt vor allem tolle Berge. Und so erlernte Alan das Klettern. Er und seine Brüder wurden begabte Klettersportler. Kein Berg war vor ihnen sicher.

Als Alan größer wurde, begannen ihn die Fotos von Wales immer stärker zu interessieren. Auch die Geschichten, die in seiner Familie über dieses Land erzählt wurden, zogen ihn an, und so schwor er sich, dass er eines Tages hinfahren und sich alles selbst ansehen würde. Als er einundzwanzig wurde, hatte er das Gefühl, er sollte nun endlich einmal etwas von der Welt sehen. Und so machte er sich mit einem Freund auf nach Europa. Vor allem nach Wales wollten sie und dort natürlich in den Nationalpark Snowdonia, der mit seinen berühmten Bergketten die Kletterer aus aller Welt anzieht. Viele Familienmitglieder lebten noch dort, und Alan wollte sie unbedingt kennen lernen. Außerdem wollte er seinen Geburtsort besuchen.

Als er seine Tante besuchte und endlich jedem Namen aus den Familiengeschichten ein Gesicht zuordnen konnte, war er vor Freude ganz aus dem Häuschen. Snowdonia war eine wunderschöne Region, die ihn stark an Neuseeland erinnerte. Daher wollte er so bald wie möglich klettern gehen. Er und sein Freund hatten sich

Karten und Ausrüstung besorgt, und so machten sie sich bald auf zu einem Abenteuertrip in die Berge. Beide genossen die harten Märsche und rasanten Klettertouren, die sie an den nächsten beiden Tagen unternahmen.
Obwohl der Frühling schon angebrochen war, war es doch immer noch sehr kalt. Ein paar Schneeflocken wehten vom Himmel herab. Am dritten Tag, Alan und sein Freund waren hoch oben in den Bergen, wurden sie von einem plötzlichen Wetterumschwung überrascht. Mit einem Mal herrschte wieder tiefster Winter. Überall lag eine dicke Schneedecke, und es war so dunkel, dass sie nur mit Mühe vorwärts kamen. Als dazu noch ein heftiger Wind kam, empfanden die beiden jungen Männer zum ersten Mal so etwas wie Angst. Sie wussten schon längst nicht mehr, wo sie waren, und beschlossen, irgendwie den Weg nach unten zu suchen. Da die Sicht jedoch extrem eingeschränkt war, erwies sich dies bald als nicht machbar. Nun war guter Rat teuer.
»Und wo ist nun der Schutzengel, von dem Mama dauernd redet?«, fragte Alan, nur halb im Scherz.
Erstaunlicherweise war nun durch das Schneegestöber in weiter Ferne ein Licht zu erkennen. Es war sehr hell und schien von einer Hütte auszugehen. Erfreut marschierten die beiden jungen Männer auf das Licht zu, so geschwind, wie es die Witterungsbedingungen zuließen. Im Näherkommen sah die Hütte aus wie ein altes Steinhaus, das anscheinend noch bewohnt wurde. So wären sie auf jeden Fall erst einmal in Sicherheit und könnten abwarten, bis der Schneesturm sich wieder gelegt hätte.
Schließlich erreichten sie die Hütte. Bei näherem Hinse-

hen erwies sie sich als reichlich baufällig, andererseits musste ja jemand darin wohnen, weil das Licht immer noch hell durch die Fenster leuchtete. Die beiden klopften laut an die Tür und warteten auf Antwort – die nicht kam. Das Licht ging aus, und wieder umfing sie tiefe Finsternis. Alan hämmerte mehrmals an die geschlossene Tür. Als niemand öffnete, beschloss er, sie aufzubrechen. Nach mehreren Versuchen gab die Tür nach. Erleichtert brachten die Freunde sich in Sicherheit.
Im Innern der Hütte allerdings wurde Alan klar, dass ihnen etwas sehr Seltsames widerfahren war, denn die Hütte, die nur aus einem einzigen Raum bestand, war verlassen. Woher aber das Licht gekommen war, ließ sich nicht klären. Alan leuchtete den Raum mit seiner Taschenlampe aus. Strom gab es hier nicht, ja noch nicht einmal eine Kerze. Und doch war der Schein hell und stark gewesen. Eine einzige Kerze hätte niemals genug Licht hervorgebracht. Doch um dieses Mysterium würden sie sich später kümmern. Im Moment genügte es ihnen, einen sicheren Unterschlupf gefunden zu haben. Die beiden krochen in ihre Schlafsäcke, aßen die Schokolade, die sie mitgebracht hatten, und schliefen ein.
Der Morgen brach hell und klar an. Alan war höchst erleichtert, als er sah, dass der Weg abwärts jetzt, wo sie wieder freie Sicht hatten, keine Probleme bereiten würde. Also packten sie schnell ihre Sachen zusammen und machten sich auf den Weg ins Tal. Erst später hatte Alan Gelegenheit, seiner Tante von der Hütte und dem mysteriösen Licht zu erzählen. Zuerst schimpfte sie: »Wir haben dich doch gewarnt, wie schnell das Wetter hierzulan-

de umschlagen kann.« Dann aber fügte sie hinzu: »Ich glaube, dass ein Engel in jener Nacht das Licht in der Hütte angezündet hat, um euch sicher dorthin zu führen.« Die beiden jungen Männer schwiegen bei dieser Erklärung. Ein paar Minuten später aber meinte Alans Freund: »Es gibt einfach keine andere Erklärung, aber erzähl ja niemandem, dass ich das gesagt habe.«
Dieser Vorfall liegt nun zwei Jahre zurück. Alan und sein Freund sind wieder sicher in Neuseeland angekommen. Ich habe die Geschichte von seiner Tante erfahren, die mir erzählte, ihr Neffe sei der festen Überzeugung, von seinem Schutzengel gerettet worden zu sein. Ich war von der Geschichte natürlich äußerst angetan, und so bat ich Alan via E-Mail, sie in dieses Buch aufnehmen zu dürfen. Er war auch sofort bereit dazu – mit einer Einschränkung. Sein Freund, so schrieb er, würde sicher nicht wollen, dass sein Name genannt würde. »Er glaubt, dass er dann seinen Ruf als guter Kletterer verliert.« Ich konnte Alan bei diesen Worten beinahe feixen hören.

Da ist ein Licht, das über alle irdischen Dinge hinausreicht, über uns alle,
über den Himmel, den höchsten, den allerhöchsten Himmel:
das Licht, das in unseren Herzen wohnt.

Chandogya Upanishad

Ihre geistigen Führer können Ihnen die Arbeit nicht abnehmen: Das müssen Sie schon selbst erledigen. Erst wenn Sie Ihren Weg gefunden und festgelegt haben, können Ihre geistigen Führer Ihnen zu Hilfe eilen und Sie auf dem Weg zur Verwirklichung Ihrer Träume unterstützen.

Um Ihren Engel des Lichts anzurufen, sollten Sie dreimal laut sagen:

Schutzengel des Lichts, komm zu mir.
Ich rufe meinen geistigen Führer
um vollkommenes Licht an.

Licht am Ende des Tunnels

Mein erster Eindruck von Bill war, dass er ein wirklich lustiger Geselle zu sein schien – freundlich, stets guter Laune, lebendig und sorglos. Dabei war gerade das zurückliegende Jahr für ihn recht traumatisch gewesen, wie er mir berichtete. Und er konnte immer noch nicht recht begreifen, was eigentlich passiert war.

Bill ist die Koseform von William. Es handelt sich um Reverend William Darlison, einen hart arbeitenden Geistlichen der Unitarierkirche in Dublin. In dieser Funktion erreichen Bill viele Anfragen von heiratswilligen Paaren, die in seiner Kirche getraut werden wollten, vor allem im Frühling und Sommer. Das Frühjahr 2002 aber verlangte den künftigen Eheleuten eine besonders lange Wartezeit ab, wenn sie sich für eine Trauung in Bills Kirche entschieden hatten.

Bill nämlich musste im Frühjahr wegen einer Infektion den Arzt aufsuchen, der ihm Antibiotika verschrieb. Als diese keine Wirkung zeigten, war klar, dass Bill sich weiteren Untersuchungen unterziehen musste. Leider hatte das Krankenhaus erst in etwa sechs Wochen wieder Termine frei. All das war ziemlich unerfreulich, vor allem, weil es Bill wirklich nicht gut ging und er schließlich ernsthaft krank sein konnte. Doch da es keine andere Möglichkeit gab, musste er warten.

Eines Abends erhielt Bill einen Anruf von einer jungen Frau, die sich eine Trauung in seiner Kirche wünschte. Leider konnte er ihr keinen festen Termin zusagen, da er seinerseits auf den Untersuchungstermin wartete und niemand wusste, ob er danach nicht im Krankenhaus würde bleiben müssen. »Aber was haben Sie denn?«, fragte die junge Dame. Bill antwortete, dass er Probleme mit dem Harntrakt habe. »Ich bin Urologin«, antwortete die junge Dame. »Ich arbeite zwar in einem anderen Krankenhaus, aber dort kann ich Ihnen sicher schnell einen Termin besorgen.« Erstaunt dankte ihr Bill, erwartete aber nicht zu viel. Doch die junge Dame hielt Wort: Schon ein paar Tage später hatte er seinen Termin.

Die Untersuchungen ergaben, dass Bill einen Tumor an der Niere hatte, der leider schon so weit fortgeschritten war, dass man anfangs den Nutzen einer Behandlung gänzlich in Zweifel zog. Dann aber entfernte man eine Niere und begann mit den üblichen Behandlungen.

Das war vor achtzehn Monaten. Heute sitze ich hier und schreibe Bills Geschichte auf, während er mich wissen lässt, dass er auf dem Weg der Besserung ist und sich gut fühlt. Eines aber ist sicher: Hätte die junge Dame Bill nicht wegen ihrer Hochzeit angerufen und hätte Bill weitere sechs Wochen gewartet, hätte die Sache wohl ein weniger glückliches Ende genommen. Ein »Zufall« also, der ihm das Leben rettete.

»Und was ist nun aus der jungen Dame geworden?«, fragte ich ihn. »Hast du sie getraut?«

»Nein«, antwortete er mir. »Ich kenne nicht einmal ihren Namen. Sie ist einfach von der Bildfläche verschwunden.«

Ich frage mich heute noch, ob sie vielleicht in einer anderen Kirche geheiratet hat. Ob sie wohl weiß, dass sie an jenem Tag die Rolle eines Engels übernommen hat? Für Bill war sie buchstäblich das Licht am Ende eines langen, sehr dunklen Tunnels.

Engel-Affirmationen

Ich nehme mein Leben in vollkommener Harmonie an
und feiere meine erhebenden Gedanken und Taten.
Ich mache mir bewusst, dass das Tor zur Größe mir
immer offen steht und ich sie vorwegnehmen kann.
Ich handle und spreche reinen Geistes.

Mondlicht

Die Natur spricht zu uns durch ihre unglaubliche Schönheit. Ihre Stimme erklingt in einer geradlinigen Spiritualität, die unsere Seele und unser Herz berührt. So bringt uns ein wunderschöner Sonnenuntergang, ein Regenbogen oder das Panorama, das sich uns von einem Berggipfel aus bietet, oft näher zu Gott, als wir es je waren. In diesen Augenblicken spricht eine innere Stimme zu uns, die die Menschheit seit Jahrhunderten kennt. Sonne, Mond und Sterne inspirieren uns, seit wir diesen Planeten bevölkern. Sie geben uns spirituellen Halt. In unserer nächsten Geschichte erzählt uns Matthew, wie die Engel vor langer Zeit in einer klaren, mondhellen Nacht zu ihm sprachen und dies sein Leben für immer veränderte.

Allein ging Matthew durch den langen Mittelgang des Gewächshauses. Er berührte die Blätter der Pflanzen, beugte seinen Kopf, um den Duft der ein oder anderen Blüte einzusaugen, und entfernte da oder dort ein totes Blatt. Es war später Abend, in Matthews Augen die beste Zeit des Tages. Kunden und Besucher hatten sein kleines Gartenzentrum längst verlassen, so konnte er in Frieden umhergehen und zufrieden sein Reich betrachten.

Schon als kleiner Junge hatte er sich zu Pflanzen und Gärten hingezogen gefühlt. Er half seinem Großvater in dessen großen Küchengarten. Alles, was er dort sah oder berührte, faszinierte ihn zutiefst. Dass ein so kleines Kind schon so viel Begeisterung für den Garten zeigte, erstaunte seine Eltern ein wenig, andererseits fanden sie,

dass Gärtnern für ein Kind kein schlechtes Hobby sei. Matthews Eltern waren beide approbierte Ärzte, und so nahm man wie selbstverständlich an, dass auch Matthew diesen Weg einschlagen würde.
Die Jahre vergingen, und Matthew wurde immer deutlicher, dass er keine akademische Natur war. Die Neigung seiner Eltern war ihm fremd. Er musste sich in der Schule ziemlich anstrengen, um so halbwegs mitzukommen. Seine Eltern engagierten immer wieder Nachhilfelehrer, um seine schulischen Leistungen zu verbessern. Am Ende waren seine Noten gerade gut genug, damit er an der Universität Medizin studieren konnte. Seine Eltern waren begeistert, Matthew selbst aber wurde immer niedergeschlagener. Medizin interessierte ihn nicht, und er besaß nicht die dafür erforderlichen Fähigkeiten. Er studierte nur seiner Eltern wegen. Bereits das erste Vierteljahr war eine Katastrophe. Er fühlte sich völlig unfähig und war darüber tief unglücklich. Ratlos fragte er sich, wie es denn nun weitergehen solle. Seine Zukunftsangst führte zu Schlafstörungen, und mit der Zeit bekam er starke Migräne. Ein paar Tage vor den Weihnachtsferien machte Matthew sich bewusst, wie viel Angst er hatte, nach Hause zu kommen und seinen Eltern zu gestehen, dass er unglücklich war. Ein schwieriges Problem.
In der Nacht vor seiner Heimreise fand Matthew wie üblich keinen Schlaf. Also erhob er sich um Mitternacht wieder, um draußen ein wenig spazieren zu gehen. Die Nacht war zwar eiskalt, doch das entsprach ohnehin seiner Stimmung. Als er um die Ecke des Wohnheims bog, bot sich ihm ein berauschender Anblick: Der Vollmond

schien heute besonders hell. So schön und klar zeichnete er sich vor dem dunklen Nachthimmel ab, dass Matthew unwillkürlich den Atem anhielt. Wie die Landschaft so im kühlen Licht vor ihm lag, fühlte er sich plötzlich ermutigt. Bildschöne weiße Wolken trieben langsam über das Firmament, der ganzen Atmosphäre haftete etwas Magisches an. Als Matthew den Blick nach oben richtete, schob sich eine weiße Wolke vor den Mond und nahm vor ihm Gestalt an: in der Form eines riesigen Engels. Der Engel war in der Wolke klar zu erkennen: Kopf, Flügel, die fließenden Gewänder. All das wurde vom silbernen Licht des Mondes erleuchtet. Der Anblick erfüllte Matthew mit einem unbeschreiblichen Gefühl. In diesem Augenblick wusste er genau, was er zu tun hatte, und traf seine Entscheidung gleich an Ort und Stelle.

Sobald er zu Hause war, bat er seine Eltern zu einem Gespräch ins Wohnzimmer. Er schüttete ihnen sein ganzes Herz aus, erzählte ihnen, dass der Arztberuf einfach nicht das Richtige für ihn sei. Er wünsche sich verzweifelt, Gärtner zu werden. Für seine verwirrten Eltern war dies ein ziemlicher Schock, doch sie liebten ihren Sohn und wollten ihn glücklich sehen. Für sie war klar, dass Matthew das Studium aufgeben und seinem Herzen folgen musste.

Viele Jahre später spazierte er glücklich und zufrieden durch den langen Gang seines mit Pflanzen gefüllten Gewächshauses. Sein kleines Gartenzentrum wird gut besucht. Alles nur, weil Matthew einen Spaziergang im Mondlicht gemacht und dabei einen Engel gefunden hatte.

Matthew hat unglaubliches Glück. Er weiß, was er im Leben will, und ist mit dem einmal eingeschlagenen Weg zufrieden. Er gibt seine Liebe zur Natur und seine Begeisterung für alles, was sie hervorbringt, weiter. Er trägt dazu bei, dass ihre Schönheit sich in den Häusern und Gärten der Menschen verwurzeln kann. Sein Schicksal erinnert mich immer wieder an den Sinnspruch von Reverend Beryl Allerton:

Hast du Freundschaft gefunden, erweise dich als Freund.
Hast du Frieden gefunden, gehe in Frieden.
Hast du Trost gefunden, spende Trost.
Hast du Liebe gefunden, dann trage ihr Licht in die Welt.

Himmlisches Licht

Dies ist meine Geschichte: Sie trug sich erst vor kurzem zu, und ganz sicher brachte sie Licht in mein Leben. Doch vorher muss ich Ihnen noch ein wenig über mich berichten, denn sonst bleiben die Zusammenhänge unverständlich. Als Kind hatte ich das Glück, in einer eng vernetzten Gemeinschaft aufzuwachsen. Meine große Familie sowie die freundlichen Nachbarn halfen einander, wo es nur ging. Einer meiner Nachbarn hatte zwei Töchter, die im selben Alter waren wie ich. Also verbrachte ich viel Zeit in deren Haus. Die Mutter meiner Freundinnen hieß Ethel. Sie war eine ausgesprochen liebe Frau, wenn auch ein wenig

schüchtern und von eher ernster Natur. Beinahe unbewusst versuchte ich immer, Ethel zum Lachen zu bringen, für gewöhnlich, indem ich Witze über ihre Hüte machte! Doch sie ertrug meine Neckereien gelassen und sagte immer zu mir: »Du bist vielleicht eine!« Mit diesem typisch regionalen Ausdruck wollte sie sagen, dass sie fand, ich sei wohl ein kleiner Witzbold. Wenn Ethel kicherte, war ich glücklich, so sehr war sie Teil meiner Kindheit. Als ich um die fünfzehn war, zogen die Familien aus unserer Nachbarschaft eine um die andere weg. Auch wir selbst mussten umziehen, und so sah ich Ethel leider nie wieder.
Vierzig Jahre vergingen. Dann, eines Tages, bat man mich, in einem Alternativen Gesundheitszentrum im Norden Manchesters zu sprechen. Die Leiterin, Joan Evans, hatte mehrere Menschen eingeladen, die ein Buch von mir gekauft hatten und es signiert haben wollten. Und natürlich wollten sie mir von ihren Engelbegegnungen erzählen. In diesem Gesundheitszentrum herrscht eine warme, spirituelle Atmosphäre, was zum großen Teil auf Joan zurückzuführen ist, eine wirklich nette Frau mit intensiven spirituellen Interessen. Auf dem Weg dorthin kam ich am Krematorium vorbei. Mir fiel wieder ein, dass hier vor nur wenigen Jahren Ethel eingeäschert worden war. Ich erzählte meinem Mann von ihr, von all dem Spaß, den wir in unserem Viertel gehabt hatten, und wie Ethel mich immer spaßeshalber gerügt hatte. Irgendwie redete ich auf dem ganzen Weg zum Zentrum nur von Ethel.
Der Nachmittag war sehr schön: Wir lernten neue Menschen kennen, hörten uns ihre Geschichten an, ich signierte Bücher und sprach über Engel. Im Gesundheits-

zentrum lebte auch ein Medium, doch das wusste ich zu jenem Zeitpunkt noch nicht. Sein Name war Sean Lucas, und er erwies sich als netter, bescheidener Mensch. Als der Nachmittag sich seinem Ende zuneigte, fragte er mich, ob er wohl ein Wort privat mit mir wechseln könne. Joan führte uns in ihr Büro. Sean schloss die Tür und begann zu sprechen: »Ich hoffe, ich erschrecke Sie nicht mit dem, was ich Ihnen jetzt sagen werde, doch als Sie heute durch die Tür hereintraten, kam ein Geistwesen mit Ihnen.« Ein wenig erstaunt meinte ich, dass mich das weiter nicht erschrecke, und so fuhr Sean fort: »Die Dame ist immer noch bei Ihnen. Jetzt lacht sie gerade übers ganze Gesicht. Sie sagt, ihr Name sei Ethel!« Das überraschte mich nun doch, wenn auch recht freudig. Sean sprach weiter: »Sie sagt: ›Als kleines Mädchen habe ich zu ihr immer gesagt: ›Du bist vielleicht eine!‹« Ich hörte aufmerksam zu. Sean enthüllte immer mehr Details über Ethel, unter anderem ihren sehr ungewöhnlichen Mädchennamen. Am Ende sagte er zu mir: »Ethel sagt, dass sie jetzt sehr glücklich sei und viel lache. Sie wacht über Sie und sendet Ihnen ihre Liebe.«

Ich fühle mich gesegnet, dass Ethel mir vom Himmel Licht und Liebe sendet.

Ein himmlischer Schlüssel!

Unser tägliches Tun und Lassen wird von unseren Gedanken bestimmt. Gedanken sind Samen der Wirklichkeit und manifestieren sich ihrer Natur entsprechend.

Doch es genügt nicht, diese Dinge nur zu wissen oder seine Engel anzurufen: Wir müssen sie auch in unser Leben integrieren.

»Leucht« wie eine Feder

Verzeihen Sie das Wortspiel, doch es passt einfach so gut zu der folgenden Geschichte. Außerdem machen manche Menschen mit dem einfachen Symbolismus von Licht und Federn die erhellendsten Erfahrungen ihres Lebens. Es war schon dunkel, und die Temperatur fiel schnell, als Mary auf die verkehrsreiche Straße trat. Sie zog ihren Schal fest um den Hals und marschierte zum Parkplatz. Endlich nach Hause. »Was war dies doch für eine verrückte Woche gewesen«, dachte sie. Sechs lange Arbeitstage unter Hochdruck, weil sie ein sehr wichtiges Seminar vorzubereiten hatte. Endlich war es Samstagabend. Das Seminar war ein voller Erfolg geworden. Die harte Arbeit hatte sich ausgezahlt. Trotzdem konnte sie sich noch nicht so recht entspannen, da sie doch ziemlich lange Zeit unter Stress gestanden hatte.
Doch als sie an zu Hause dachte, lächelte sie unwillkürlich. Dort sollte jetzt ein leckerer Braten auf sie warten. Sie hatte ihrem Partner genaue Anweisungen gegeben, wann er den Braten in den Ofen schieben und das Gemüse putzen sollte. Auf das gemeinsame Abendessen freute sie sich. Später würde sie dann ihren Sohn zum Treffen

mit seinen Freunden fahren. »Vielleicht mache ich mir ja einen kleinen Drink, bis das Gemüse gar ist«, träumte sie weiter. »Dann kann ich mich wenigstens entspannen.« Seufzend steuerte Mary ihren Wagen aus der Innenstadt hinaus. In etwa einer halben Stunde würde sie wohl zu Hause sein.

Doch als Mary den Schlüssel im Schloss umdrehte, war das Haus vollkommen dunkel. Nicht nur, dass kein Braten im Ofen schmorte, außer ihr war auch kein Mensch da! Das Fleisch stand roh und kalt auf dem Küchentisch. In diesem Augenblick erschien Mary dies wie der letzte Strohhalm. Sie kämpfte gegen die Tränen an und begann, das Abendessen vorzubereiten. Doch wo konnten ihr Partner und ihr Sohn nur sein? Sie spürte, wie ihr Puls erneut schneller wurde.

Sie schob den Braten ins Rohr und deckte den Tisch. Jetzt musste sie bügeln. Bügeln beruhigte sie. Viele Menschen hassten es, doch auf Mary entfaltete es unweigerlich eine entspannende Wirkung. Außerdem konnte sie beim Bügeln besser nachdenken. Als sie das erste Stück bügelte, merkte sie, dass sie sich einmal mehr gestresst fühlte, weil sie nicht mehr mit ihrer Mutter sprechen konnte, wenn sie Probleme hatte.

Sechs Monate zuvor hatte Mary im Urlaub einen Anruf erhalten, der ihr ganzes Leben umgekrempelt hatte: Ihre Mutter war unerwartet, aber friedlich verstorben, während sie vor dem Fernseher saß. Es war einfach unbegreiflich. Nur wenige Tage zuvor hatte Mary ihrer Mutter aus dem Auto heraus zugewinkt, während diese ihnen schöne Ferien gewünscht hatte. Ihre Mutter war kein bisschen krank gewesen. Das Band zwischen Mutter und Tochter erweist sich häufig als sehr eng und segensreich. Mary und ihre Mutter hatten sich sehr nahe gestanden. Und hier stand sie nun, sechs Monate später, und wünschte sich nichts sehnlicher, als ihre Mutter anzurufen und ihr von dem schwierigen Tag zu berichten. Wie sehr sie ihre Mutter doch vermisste! Heiße Tränen stiegen ihr in die Augen, während sie versuchte, ihre Ängste gleichsam wegzubügeln.

Sobald sie mit dem Bügeln fertig war, stellte sie das Bügelbrett weg und öffnete die Tür des kleinen Wäschezimmers, die zur Küche führte. Da lag mitten in der Küche eine große weiße Feder auf dem Boden! Und doch hatte niemand das Haus betreten, während Mary in ihrem Zimmerchen bügelte. Außer ihr war niemand im Haus. Alle Fenster und Türen waren fest geschlossen, um die Kälte auszusperren, und als Mary ins Bügelzimmer ging, lag die Feder ganz sicher noch nicht da.

Zutiefst aufgewühlt wurde Mary bewusst, was diese merkwürdige Begebenheit zu bedeuten hatte. Nun flossen ihre Tränen noch reichlicher. Wie aber sollte sie ihrer Familie erklären, weshalb sie weinte? Wenn sie jetzt plötzlich zur Tür hereinkämen, würden sie ihr wohl kaum glauben, dass sie wegen des Bratens in Tränen ausgebrochen war!

Kurz darauf unterhielten wir uns über den Vorfall mit der Feder. Mary war überzeugt, sie sei die Gabe eines Engels ihrer Mutter natürlich. Ich stimmte ihr zu. Mittlerweile sind zehn Monate vergangen, und Mary findet immer noch Federn, wenn sie Trost und Hilfe braucht. Wenn

Marys Mutter ihr zeigt, dass sie nahe ist, empfindet sie tiefe Freude. So zum Beispiel, als Marys Sohn seinen Universitätsabschluss machte. Für Mary ist all dies sehr tröstlich. Die Federn schenken ihr ein wenig Licht und den unbedingten Glauben, dass wir nie allein sind.

Das innere Licht

Die Diagnose »Operation am offenen Herzen erforderlich« hätte wohl selbst für den Tapfersten aller Sterblichen einen höchst bedrohlichen Klang. Christine erzählt, sie habe am Tag vor dem Eingriff so viel Angst gehabt, dass sie ihren Mann bat, sie wieder nach Hause mitzunehmen. Zitternd sagte sie ihm, sie sei einfach nicht in der Lage, sich so einer schweren Operation zu unterziehen, und wolle es lieber mit anderen Methoden versuchen. Ihr Mann tat sein Bestes, um sie zu beruhigen, doch es war schon ziemlich spät, und so forderte ihn das Klinikpersonal auf, nach Hause zu gehen. Sosehr es ihm widerstrebte, Christine in diesem Zustand allein zu lassen, so musste er der Anordnung doch Folge leisten.
Als er gegangen war, warf Christine einen Blick auf das Bett gegenüber. Sie merkte erst jetzt, dass die Dame, die dort lag, bitterlich weinte. Und so war es kein Wunder, dass sich Christine ihr bald anschloss, denn beide hatten die gleiche Operation vor sich, und ihre Nerven lagen blank.

Doch irgendwie fasste Christine sich bald wieder und erkannte, dass sie in ihrer Situation nur noch eines tun konnte: beten. Also bat sie Gott um die Kraft, diese Bürde zu tragen, und um Trost. Allein dies war in ihrer düsteren Stimmung schon eine Erleichterung. Ihr fiel wieder ein, dass ihre Großmutter einst in dieser Klinik als Krankenschwester gearbeitet hatte. Obwohl Christine erst zwölf war, als ihre Großmutter gestorben war, erinnerte sie sich voller Liebe an sie. Nun bat Christine sie um die Hilfe der Engel.

Im selben Augenblick ging ein Lichtschein von Christines Kopf aus und breitete sich über sie hinweg aus bis zu ihren Zehen. Es war ein wunderbares Gefühl, das nur kurz andauerte, doch als es wieder nachließ, war auch ihre Furcht verschwunden. Ruhe und Zuversicht umgaben Christine. Mit einem Male wusste sie instinktiv, dass alles gut gehen würde. Sie wusste, dass ihr Mann sich um sie große Sorgen machte, also rief sie ihn an, um ihm zu sagen, dass sie nun voller Vertrauen sei. Kurz bevor sie auflegte, vernahm sie jedoch eine Stimme, die sie noch nie gehört hatte. Diese Stimme teilte ihr mit, dass auch ihre Bettnachbarin die Operation gesund überstehen werde. Beide Eingriffe, so hieß es, würden erfolgreich verlaufen. Nun war Christine vollkommen beruhigt. Sie legte sich ins Bett und fiel in tiefen, erholsamen Schlaf.

Der Morgen kam, und Christine erwachte. Zu ihrer eigenen Überraschung war sie immer noch ruhig und voller Zuversicht. Sie wusste, dass ihre Gebete erhört worden waren, und blickte der bevorstehenden Operation gelassen entgegen. Wie vorhergesagt überstanden beide Frauen den Eingriff gut. Beide führen heute ein glückliches und zufriedenes Leben. Sie haben alle Ängste hinter sich gelassen. Doch nie wird Christine das innere Licht der Engel vergessen, das sie in ihrer dunkelsten Stunde tröstete.

Engelgebet

Möge das Licht der Engel mich umhüllen,
die Liebe der Engel mich umfangen,
die Kraft der Engel mich beschützen.

Mögen die Engel stets über mich wachen.

Das ewige Licht

Die Engel waren Heather immer sehr nahe gewesen. Tatsächlich hatte sie ihre Hilfe auch nötiger gehabt als die meisten ihrer Zeitgenossen. Heather hatte als junge Frau und Mutter eines fünfjährigen Sohnes erfahren, dass ihr Mann Paul Krebs im Endstadium hatte. An diesem Tag war für Heather eine Welt zusammengebrochen, und sie war nie mehr wieder dieselbe wie vorher. In einem wahren Wechselbad der Gefühle schossen ihr tausend Gedanken gleichzeitig durch den Kopf. Was sollte aus ihr und dem Kind werden? Ihre drängendste Sorge jedoch galt

Paul. Auf diesem schrecklichen Weg, den sie nun gemeinsam zu gehen hatten, waren für Heather vor allem drei Dinge wichtig. Zunächst einmal wünschte sie sich, dass Paul zu Hause starb, und möglichst an einem Sonntag, denn dieser Tag war voller Ruhe und Frieden. Außerdem wollte sie unbedingt bei ihrem Mann sein, ihrem Sohn Jason aber diese Erfahrung ersparen. Und schließlich machte sie sich Sorgen, wie Paul wohl sterben würde. Sie hoffte sehnlichst auf einen sanften, schmerzfreien Tod, sodass er mit Leichtigkeit in die nächste Welt gehen konnte. Einen Moment lang setzte Heather sich allein hin und übergab ihre drei Wünsche bewusst einer höheren Macht.

Schließlich kam der Tag, an dem Paul seine kleine Familie verlassen musste. Heathers Wünsche gingen alle in Erfüllung. Sie war bei ihrem Mann, als dieser seinen letzten Atemzug tat. Jason hingegen war bei Verwandten. Dies machte Heather den Abschied ein wenig leichter.

Unmittelbar vor seinem Tod bat Heather ihren Mann, sie doch irgendwie wissen zu lassen, ob er in der anderen Welt glücklich sei. Eine Woche später stand Heather in der Küche und dachte an Paul. Sie hoffte sehr, dass es ihm dort, wo er war, gut ging. Plötzlich lief ihr ein Schauer über den Rücken, und sie drehte sich instinktiv um. Da stand Paul vor ihr. Es war ein unvergleichlicher Augenblick, und doch hatte die ganze Szene etwas herzzerreißend Alltägliches. Paul trug das blaue Sweatshirt, das Heather kannte, doch er war, wie sie sagte, »vollkommen von einem silbrigen Schein umgeben«. Er sagte Heather, sie solle sich keine Sorgen machen, ihm gehe es gut. Dann verschwand er.

Es ist kaum zu glauben, doch einige Zeit später zeigte Paul sich noch einmal. Dieses Mal aber bot sich Heather ein gänzlich anderes Bild: Paul hatte Flügel und strahlte eine Weisheit aus, als kenne er die Antwort auf jede nur erdenkliche Frage. Es sah so aus, als habe der Mensch, der einmal ihr Mann war, einen höheren Zustand erlangt.

Die Jahre vergingen, und Heather hatte immer wieder das Gefühl, dass die Engel ihr beistanden. Spirituelle Erfahrungen in Form einer schönen Stimme, die aus dem Nichts erklingt, einem warmen Kribbeln auf ihrer Haut oder dem Gefühl tiefer, reiner Liebe haben in Heather die Überzeugung geweckt, einen Schutzengel zu besitzen. Das Wissen, dass Paul jetzt ein Engel ist, und das intensive Gefühl, dass sie beide immer noch innig miteinander verbunden sind, macht Heather absolut sicher, dass die Bande der Liebe niemals zerstört werden – nicht einmal durch den Tod.

Engelsegen

Mögen die Engel unser inneres Licht entzünden und in unserem Leben stets Wunder wirken.

Reines weißes Licht enthält natürlich alle Farben des Regenbogens. Wie wir gesehen haben, gehört jede einzelne Schattierung zu einem bestimmten Engel. Dass das Licht, das so viele Menschen sehen, weiß ist, zeigt nur, dass viele Engel uns mit ihrer Liebe beistehen. Dieses Phänomen fasst der Philosoph und Visionär Emanuel Swedenborg für uns wie folgt zusammen:

Mir erschienen zahllose wunderschöne Regenbogen, noch schöner als die früheren, doch diese zeigten ein strahlend weißes Licht, in dessen Herzen ein dunkles, irdisches Etwas saß. Doch dieses strahlende Schneeweiß wurde von einem anderen Lichtglanz durchdrungen ... und, wenn ich mich recht entsinne, vom Schimmer der Blüten verschiedenster Farbe, die sich rundherum gruppierten.

Emanuel Swedenborg

Wenn wir von Engeln sprechen, sind Liebe und Licht gleichbedeutend. Die Liebe der Engel hilft uns mitunter, Entscheidungen zu treffen. Sie heilt unsere Ängste und tröstet uns auf mannigfache Weise. Wie die Geschichten dieses Kapitels zeigen, verändern sich die Farbe und Beschaffenheit des Lichts je nach Person und persönlichen Bedürfnissen. Wir alle tragen dieses besondere Licht in uns. Wenn wir uns mit ihm vertraut machen, versetzt es uns in die Lage, anderen unsere Liebe zu schenken. Stellen Sie sich einmal vor, wir würden alle in dieser Welt voller Kummer und Leid Licht und Liebe ausstrahlen. Was könnte dann nicht alles geschehen?

KAPITEL 7

Die Engel der Liebe

Die Engel sorgen für uns, indem sie uns einen steten Strom tiefer Liebe schicken. Erlauben Sie sich, ihre Liebe zu spüren, ganz in sie einzutreten, sie zu akzeptieren und diesen vollkommenen Augenblick zu genießen. Wenn Sie Ihr Leben für die Liebe der Engel öffnen, werden diese Ihren Geist in die himmlischen Gefilde erheben.

Liebe im Angesicht des Leids

Einige Menschen sind Draufgänger, andere tapfer, einige wenige aber echte Helden. Mark Thallander gehört eindeutig zu Letzteren. Seine Geschichte ist zutiefst inspirierend. Sie lässt uns Demut und Dankbarkeit empfinden. Die Geschichte beginnt an einem Abend, an dem Mark auf dem Weg zu Gary de Vaul war. Mark war ein alter Freund der Familie, und man hatte ihn zum Abendessen eingeladen. Er freute sich darauf. Mark war ein sehr erfolgreicher Organist und hatte erst kürzlich Konzerte in der berühmten Carnegie Hall in London und in der St.

Patrick's Cathedral in New York gegeben. Es wäre schön, sich an diesem schönen Sommerabend zu entspannen und gemütlich mit seinen Freunden über die Konzerte zu plaudern.
Doch das Abendessen war längst fertig, als Gary und seine Frau immer noch auf Mark warteten. Dies war umso erstaunlicher, als man nach Mark gewöhnlich die Uhr stellen konnte. Vergeblich suchten sie nach einer Erklärung. Letztlich blieb ihnen nur zu warten und zu hoffen, dass das Essen in der Zwischenzeit nicht verkohlen würde.
Es war der 3. August 2003, und ein heftiges Gewitter ging über Mark nieder, als er auf Garys Haus im amerikanischen Bundesstaat Maine zufuhr. Als er – nur wenige Minuten von seinem Ziel entfernt – die Autobahn verließ, geriet sein Wagen ins Schleudern. Nach dem Unfall, sagte er, breitete sich eine merkwürdige Stille aus. Dann erklang die liebevolle, beruhigende Stimme einer Frau, die ihm sagte, er solle die Augen offen halten. Dies verhinderte, dass er das Bewusstsein verlor, was ihm das Leben rettete.
Plötzlich zerriss die Stille. Feuerwehr und Krankenwagen trafen mit ihren Sirenen am Unfallort ein. Die Sanitäter, die Mark ins Krankenhaus brachten, sahen sofort, dass er schwer verletzt war. Sein Arm war an drei verschiedenen Stellen gebrochen. Im Krankenhaus angelangt, eröffnete man ihm, dass er wohl seinen Arm verlieren würde. »Bitte retten Sie meinen Arm«, flehte Mark, »ich bin Organist!«
Schließlich hörte auch Gary von dem Unfall. Sobald er in Erfahrung gebracht hatte, in welchem Krankenhaus sein

Freund lag, machte er sich auf den Weg dorthin. Er erzählt, dass Mark nicht einmal in dieser dunkelsten Stunde seines Lebens seinen Humor verloren hatte und den ein oder anderen Scherz machte! Die Aussicht auf eine schwere Operation war nach dem massiven Blutverlust, den Mark erlitten hatte, alles andere als ermutigend. Doch für Mark beteten Tausende von Menschen. Und so gelang es den Ärzten, sein Leben zu retten, nicht aber seinen Arm. Als er erwachte, lag vor ihm ein unendlich langer Weg.

Nach der Operation folgte die Rehabilitation. Mark musste wieder gehen lernen, denn der Verlust eines Armes beeinträchtigt das Gleichgewichtsempfinden ganz enorm. Nur vier Monate später kehrte Mark in seine Kirche in der Lake Avenue in Pasadena zurück. Er setzte sich an die Kirchenorgel und spielte mit einem befreundeten Organisten ein Duett vor einem Publikum von mehreren Hundert Menschen. Seitdem hat er an verschiedenen Kurzpartituren gearbeitet, um so viele Griffe wie möglich auf die rechte Hand zu übertragen. Doch seine Entschlossenheit, mit seiner mechanischen Hand auch wieder komplexere Werke zu spielen, zeigt einmal mehr, welch unglaublichen Mut dieser Mann hat.

Die Rekonstruktion des Unfalls aber ließ eine Frage offen. Es hieß, am Unfallort sei keine Frau zu sehen gewesen, als Feuerwehr und Krankenwagen eintrafen. Und doch war es diese weibliche Stimme gewesen, die Mark am Leben erhalten hatte. Daher ist Mark überzeugt, die Stimme eines Engels gehört zu haben. »Gott hat mich nicht ohne Grund leben lassen«, sagt er. »Vielleicht kann ich auch andere Menschen dazu inspirieren, nach den Sternen zu greifen.« Und er inspiriert uns wahrhaft, ist er doch ein lebendes Beispiel für die Macht der Liebe. Natürlich wurde Mark auch von seiner Familie und seinen Freunden geliebt, doch die Liebe Gottes und seiner Engel rettete diesen besonderen Menschen.

Blieben denn auch der Sterne Runde
und der Engelsflügel brausende Kunde
alle Zeit an deiner Seit?

Elizabeth Barrett-Browning

Engelsegen

Oh ihr himmlischen Engel,
ich öffne die Tore der Liebe.
Mein Herz singt mit den lebendigen Wassern.
Frieden singt mein Herz.
Möge eure Liebe meiner Seele
Harmonie und Erfüllung schenken.

Engelmeditation

Setzen oder legen Sie sich in einem abgedunkelten Raum bequem hin. Visualisieren Sie sich selbst – umgeben von einer Wolke purpurfarbener Lichtenergie. Öffnen Sie Ihr Herz und Ihren Geist. Lassen Sie den Schutzengel der Liebe ein.

Wiederholen Sie still für sich folgendes Gebet:

Mein Herz singt vor Liebe für meinen Engel der Liebe.

Öffnen Sie sich der Engelsenergie, sodass sie Ihr gesamtes Sein durchdringt. Danken Sie abschließend Ihrem geistigen Führer und gleiten Sie zurück ins Bewusstsein der Außenwelt.

Ein Engel für den Hochzeitstag

Zwischen Großmüttern und Enkeln besteht oft ein ganz besonderes Band, vor allem, wenn sie zusammen unter demselben Dach leben. Ganz bestimmt trifft dies auf Emma zu, die mit ihrer Großmutter zusammenwohnt, seit sie elf Monate alt ist. Emmas Familie lebt in dem schönen Ort Llandudno im Norden von Wales, einer sehr spirituellen Region von Großbritannien. Das oft raue Meer und die wild zerklüfteten Berge verleihen dieser Gegend ein ganz besonderes Flair.
Natürlich wird in Llandudno Walisisch gesprochen. Sobald sie sprechen gelernt hatte, nannte Emma ihre Großmutter »Nain«, was auf Walisisch einfach »Oma« heißt. Sie hatten eine sehr enge Bindung zueinander, und Emma hatte immer das Gefühl, vom Glück gesegnet zu sein, dass sie in einem Haushalt voller Liebe aufwachsen durfte. Leider starb ihre geliebte Nain, als Emma

zwanzig Jahre alt war. Sie hatte unter neurogener Muskelatrophie gelitten, und die ganze Familie vermisste ihre Nain schrecklich, vor allem aber Emma.

Sieben Jahre vergingen. Im Spätsommer 2004 sollte Emma heiraten. Ihre Mutter Gwen sagte mir, dass alles bestens vorbereitet gewesen sei. Der Tag brach an und sollte Sonnenschein und Glück bringen. Die einzige Wolke am Hochzeitshimmel war die Tatsache, dass Emmas geliebte Oma nicht sah, wie ihr Liebling zum Altar schritt. Doch Emma hatte einen Plan, wie sie ihrer Freundin Pauline schon vor mehreren Tagen beim Kaffeetrinken eingestanden hatte. Sie würde auf dem Weg zur Kirche am Friedhof vorbeigehen und Nain ihr Kleid zeigen, war sie doch sicher, dass Nain an diesem besonderen Tag ihr vom Himmel her zusah. Pauline hatte gelacht und gemeint: »Deine Nain wird an solch einem Tag wohl kaum auf dem Friedhof herumhängen. Sie wird bei dir sein – wo immer du auch sein magst.« Beide Mädchen lachten. Ja, Nain würde an ihrem Hochzeitstag ganz sicher über Emma wachen.

Nun, und jetzt war es so weit. Emma war bereit für das große Ereignis. Sie sagte ihrer Mutter, dass sie sich in Nains Zimmer ankleiden wolle, weil sie sich ihr dann näher fühle. In diesem Raum hatte Nain den letzten Atemzug getan, und Emma brachte ihre Großmutter immer mit diesem Raum in Verbindung. Stolz sah Gwen zu, wie Emma ihr Hochzeitskleid anlegte, ihren Kopfschmuck und das Strumpfband, das ihr Glück bringen sollte. Sie sah so wunderschön und glücklich aus. Dies war ein ganz besonderer Moment für beide.

Plötzlich schwebte durch das offene Fenster eine vollkommen weiße Feder herein. Da das Fenster nur einen Fingerbreit offen stand und die Fensterflügel nach außen aufgingen, blieb für die Feder nur ein winziger Spalt. Und doch schwebte sie direkt herein und auf Emma zu, zu deren Füßen sie zu liegen kam. Als Emma sich bückte und sie aufhob, sagte sie aufgeregt: »Nain ist hier, und ich werde sie mit mir in die Kirche nehmen.« So steckte sie die Feder ins Strumpfband und strahlte glücklich, denn nun war der Tag auch für sie vollkommen. Dies würde tatsächlich der glücklichste Tag ihres Leben werden.

Ich freute mich zu hören, dass Emma die Bedeutung dieser Feder sofort erfasst hatte. Voller Vertrauen akzeptierte sie, dass diese nur von ihrer Großmutter sein konnte. Viele Menschen erhalten durch Federn symbolische Botschaften von ihren geliebten Verstorbenen, doch die meisten Menschen glauben nicht daran. Sie fragen mich häufig, ob ich denke, sie hätten ein Zeichen erhalten. Wenn sie dann hören, dass viele andere Menschen in schwierigen oder bedeutsamen Lebenssituationen ebenfalls eine solche Botschaft erhalten haben, leuchtet ihr Gesicht auf, dass es eine Freude ist. Und wieder einmal fallen mir die Worte aus Psalm 91 ein: »Er wird dich mit seinen Fittichen decken.«

Die Liebe einer Großmutter

Wir alle wissen, wie schwierig es ist, zweijährige Kinder zum Schlafengehen zu bewegen. Lesley allerdings meint, dieses Problem habe bei ihrer kleinen Tochter Beth angedauert, bis sie fünf war. Und so lieferten sich Lesley und ihr Mann jahrelang allabendlich Kämpfe mit Beth – meist ohne greifbares Ergebnis.

In einer besonders schwierigen Woche hatte Lesley Tag für Tag ihre schwer kranke Mutter besucht, und so war angesichts der Wutanfälle ihrer Tochter ihr Nervenkostüm besonders dünn. Lesley war von den unzähligen Sorgen erschöpft und ausgelaugt. Das Verhalten ihrer Tochter war für sie einfach unerträglich. »Ich liebe sie so sehr«, sagte Lesley mir, »aber damals konnte ich einfach nicht mehr!«

Eines Abends, als die allabendliche Schlacht gerade wieder losbrechen sollte, erhielt Lesley einen Anruf. Man hatte ihre Mutter ins Krankenhaus gebracht, und es ging ihr sehr schlecht. Also ließ sie ihren Mann mit der kreischenden Beth alleine und fuhr unter Tränen in die Klinik. Lesley und ihre Schwester hielten abwechselnd die Hand ihrer Mutter. Sie hatten genug Zeit, um ihr Lebewohl zu sagen und ihr zu versichern, dass sie beide sie innig liebten. Langsam verabschiedete sich ihre Mutter aus diesem Leben, um sich – wie Lesley sagte – mit ihrem bereits verstorbenen Vater im Himmel zu treffen. Es war eine lange Nacht, und natürlich fand niemand Schlaf. Als sie wieder zu Hause war, machte Lesley für sich und ihren Mann Tee. Sie saßen im Wohnzimmer und sprachen über Lesleys Mutter, die ein sehr liebenswerter Mensch gewesen war. Tröstlich war nur, dass sie nicht lange hatte leiden müssen. Es war alles sehr schnell gegangen, und das Ehepaar hielt dies für ein großes Geschenk.

Als der Morgen anbrach, kroch Beth aus ihrem Bettchen. In ihrem Schlafanzug sah sie aus wie ein kleiner Engel und lächelte ihren erschöpften Eltern liebevoll zu. Der Tag verging, und Beth war so brav, wie ein Kind nur sein konnte. »Auch Gottes kleine Gaben verdienen unseren Dank«, dachte Lesley. Nach dem Abendessen suchte Beth ihre Gutenachtgeschichte aus. Ihr Vater las vor, dann nahm er sie auf den Arm und brachte sie ins Bett. Lesley wappnete sich schon gegen das zu erwartende Gebrüll, doch zum Erstaunen ihrer Eltern ließ Beth dieses Mal keinerlei Klagen verlauten. Ohne jede Hilfe kletterte sie in ihr Bettchen und bat um einen Gutenachtkuss. Lesley und ihr Mann beugten sich zu ihr und gaben ihr jeder einen Kuss. »Was bist du doch heute für ein liebes Mädchen!«, sagte Lesley zu ihrer Tochter.

Stellen Sie sich die Überraschung des Paares vor, als Beth antwortete: »Ich habe Großmama versprochen, brav zu sein.«

»Wann war das, Liebes?«, fragte Lesley.

»Heute Morgen«, antwortete die Kleine. »Sie saß an meinem Bett, als ich aufwachte, und sagte, sie habe mich schrecklich lieb und ich solle doch für Mama und Papa ein liebes Mädchen sein.«

Diese unvermittelte Verbesserung in Beths Verhalten erleichterte ihnen die Zeit der Trauer ungemein. Es tröstete

Lesley zu wissen, dass ihre geliebte Mutter immer noch über sie alle wachte.

Engel vom Himmel bringen mit sich
das Flüstern der Liebe, das Echo des Lichts.

Fanny J. Crosby

Wie Sie das Licht nach innen lenken

Wenn wir die Liebe in unser Leben lassen, können wir uns zeigen, wie wir wirklich sind. Verlassen wir aber den gegenwärtigen Augenblick der Liebe und begeben uns ins trügerische Reich der Wünsche und Befürchtungen, dann geben wir diese Sicherheit auf. Wenn wir Liebe geben und empfangen, lernen wir, zur liebenden Gewissheit unseres wahren Selbst zu stehen.

Um Ihren Engel der Liebe anzurufen, sollten Sie dreimal laut sagen:

> *Schutzengel der Liebe,*
> *komm zu mir.*
> *Ich rufe meinen geistigen Führer*
> *um vollkommene Liebe an.*

Maxines Engel

Babys kommen, wenn sie das Gefühl haben, die Zeit sei reif für ihren Eintritt in die Welt – meist wenn es der Mutter gerade überhaupt nicht passt. Maxines kleine Tochter, Megan, feierte gerade ihren zweiten Geburtstag. Das Haus war voll, und Maxine hatte alle Hände voll zu tun, die gleichaltrigen Spielkameraden ihrer Tochter mit Saft und Leckereien zu versorgen. Sie fühlte sich ein wenig erschöpft, denn in drei Wochen sollte ihr zweites Kind zur Welt kommen. Trotzdem sollte ihre Tochter ein schönes Fest haben. Gerade als sie die Kerzen auf dem Geburtstagskuchen anzünden wollte, spürte sie einen wohlvertrauten Schmerz. Maxine schickte ein Stoßgebet zum Himmel: »O nein, bitte nicht ausgerechnet jetzt! Ich habe so viel zu tun.« Doch der Schmerz nahm zu, und als Maxines Mutter kam, die ihr bei der Feier helfen sollte, mahnte sie ihre Tochter, es sei nun wohl »an der Zeit«. Beide versuchten, ruhig zu bleiben. Sie zündeten die Kerzen an, sangen »Happy Birthday« für Megan und eilten dann hinaus, während die Kleinen in der Obhut der anderen Mütter zurückblieben. Draußen stießen sie auf Maxines Mann, der gerade von der Arbeit nach Hause kam und die beiden gleich ins Krankenhaus fuhr.

Maxines einzige Erinnerung an diese Fahrt ist, dass ihnen merkwürdigerweise ein heller, breiter Lichtstrahl voranzueilen schien, bis sie am Krankenhaus eintrafen. Es war ein Nachmittag Mitte Januar und daher schon recht dunkel, doch das Licht erhellte ihren Weg zur Klinik, obwohl keine Quelle auszumachen war, denn die Scheinwerfer waren nicht eingeschaltet. Als sie dort ankamen, war es höchste Zeit, auch wenn das Klinikpersonal dies zu Beginn noch nicht recht glauben konnte.

Doch schon bald wurde klar, dass die Geburt unmittelbar bevorstand, und so brachte man Maxine in den Kreißsaal. Sie hatte das deutliche Gefühl, dass irgendetwas mit ihr nicht stimmte. Sie litt unter starken Schmerzen und kämpfte gegen die aufsteigende Panik an. Still begann Maxine zu beten. In diesem Moment spürte sie, wie sie ruhig wurde. Liebe und Wärme hüllten sie ein. Der Schmerz ließ nach, und Maxine schien ihren Körper zu verlassen. Wie dies bei außerkörperlichen Erfahrungen so häufig der Fall ist, schwebte ihr Geist empor. Eine Stimme befahl ihr, sich zu entspannen, und versicherte ihr, dass alles gut gehen würde.

In diesem Augenblick vernahm Maxine die Stimme ihrer Mutter, die laut und deutlich sagte: »Du hast noch ein Töchterchen!« Wenn sie an der ganzen Erfahrung überhaupt etwas erschreckend fand, dann die Schnelligkeit, mit der sie bei diesen Worten in ihren Körper zurückkehrte. Als sie das sorgenvolle Gesicht ihrer Mutter vor sich sah, versuchte Maxine, ihr alles zu erklären, doch diese entgegnete nur, sie solle sich ausruhen und ihr süßes Baby ansehen, das am gleichen Tag zur Welt kam wie die kleine Megan.

Schließlich brachte man Maxine in einen Raum mit anderen frisch gebackenen Müttern. Eine Krankenschwester empfahl ihr, ein wenig zu schlafen, dann würde sie sich morgen schon besser fühlen. Doch Maxine konnte trotz ihrer Erschöpfung nicht einschlafen, denn die dramatischen Ereignisse des Tages gingen ihr nicht aus dem Kopf. Sie dankte Gott, dass ihr Kind ohne Probleme zur Welt gekommen war.

Gegen sieben Uhr am nächsten Morgen kam die Krankenschwester herein und meinte: »Ihre Mutter ist am Apparat. Möchten Sie mit ihr sprechen?« Die Stimme am anderen Ende der Leitung hatte einen beinahe panischen Unterton: »Maxine, geht es dir gut?« Maxine versicherte ihrer Mutter, dass sie gesund und munter sei, und wollte wissen, warum sie anriefe.

»Als ich heute Morgen aufwachte«, erklärte ihre Mutter, »stand ein Engel am Fußende meines Bettes. Er sah wirklich eindrucksvoll aus und war gut zweieinhalb Meter groß. Irgendwie wusste ich, dass dieser Engel zu dir gehörte, und so fürchtete ich einen Moment lang das Schlimmste. Als ich zum Telefon ging, um dich anzurufen, schwebte diese unglaubliche Erscheinung über meinem Kopf. Da sah ich erst, wie groß er war.« Maxines Mutter zufolge hatte der Engel eine Flügelspannweite von nahezu vier Metern. Seine Gewänder spiegelten alle Farben des Regenbogens wider. Es muss tatsächlich ein überwältigender Anblick gewesen sein.

Als sie später darüber nachdachte, kam Maxines Mutter zu der Auffassung, dass die Engelerscheinung wohl ein positives Zeichen war, das ihr signalisieren sollte, dass alles in Ordnung war. Am selben Tag noch erzählte Maxine ihrer Mutter, was ihr während der Geburt widerfahren war. Und ihre weise Mutter meinte, sie solle über diese beiden Vorfälle nicht weiter nachdenken, sondern Gott für seine grenzenlose Güte danken.

Engel-Affirmationen

Ich strahle stets Liebe und Fülle aus.
Ich glaube an die Macht der Liebe.
Ich sage Dank für meinen Engel der Liebe.

Durch die Augen eines Kindes

Wann immer mir Menschen von Engelbegegnungen berichten, die sie als Kind erlebt haben, erwähnen sie, dass dieses Erlebnis ihnen heute noch genauso deutlich vor Augen steht wie damals. Alle anderen Kindheitserinnerungen neigen dazu, irgendwann zu verschwimmen, doch die Engelerfahrungen bleiben meist so klar, als wären sie erst vor wenigen Stunden geschehen. Sue erzählte mir, dass sie nur die Augen zu schließen brauche, um alles wieder vor sich zu sehen – so klar, als würde sie ein Video sehen. So wurde ihr dieses wunderbare Erlebnis zum Trost ihres Lebens.

Als Sue zehn Jahre alt war, lebte sie im Norden Englands und war sich der schweren Erkrankung ihres Vaters schmerzlich bewusst. Für viele Kinder sind Erkrankungen in der Familie eine arge Belastung, vor allem, weil der Stress des Kindes sich häufig nicht so deutlich zeigt. So glauben die Familienmitglieder meist, das Kind werde mit den Ereignissen ganz gut fertig.

Eines Nachts lag Sue schlafend im Bett. Irgendetwas aber weckte sie, auch wenn sie nicht sagen konnte, woran genau es lag. Sie öffnete die Augen und fand ihr Zimmer in intensives Licht getaucht. Erstaunlicherweise aber fühlte sie sich dadurch nicht geblendet. Da Sue noch vor wenigen Sekunden fest geschlafen hatte, war das umso erstaunlicher. Sue schlief gewöhnlich mit dem Gesicht zur Wand. Als sie erwachte und das Licht bemerkte, drehte sie sich um. In diesem Moment sah sie den Engel.

Sie kann sich noch heute an jede Einzelheit des eindrucksvollen Bildes erinnern, und so fiel es ihr leicht, es mir zu beschreiben: »Das Geschlecht war nicht eindeutig zu erkennen«, meinte sie. »Irgendwie sah er ziemlich androgyn aus.« Seine Gesichtszüge hingegen traten klar hervor, und so konzentrierte sich Sue darauf, fest entschlossen, jede Einzelheit in sich aufzunehmen. Auch die gefalteten Flügel fielen ihr auf und der üppige Haarschmuck.

Angst hatte sie nicht eine Sekunde lang. Sie berichtete mir: »Ich wollte nur eines, nämlich diesen wundervollen Engel in seiner ganzen Schönheit ansehen.« Allmählich verschwand der Engel und mit ihm das Licht. Und die nur zehnjährige Sue drehte sich ruhig im Bett um und schlief sofort wieder ein! Auch dies kommt häufig vor, wenn Menschen Engeln begegnen. Irgendwie scheinen sie darauf »programmiert« zu sein, trotz der ungewöhnli-

chen Erfahrung sofort wieder einzuschlafen: Offenkundig handelt es sich um einen Mechanismus zur Verarbeitung dieser Erlebnisse.
Kurz nach dem Besuch des Engels starb Sues Vater. Der Engel hatte die Kleine offensichtlich trösten wollen, indem er ihr zeigte, dass der Himmel nahe war und es Engel gab, die sich um ihren Vater kümmern würden. Daher war Sue ihr ganzes Leben lang bewusst, dass sie nicht allein war und dass die Engel ihr nahe sind. Diese Gewissheit hatte ihr stets Trost geschenkt.

Lucys Engel

Als Lucy mit einer geheimnisvollen Krankheit in die Klinik eingewiesen wurde, war sie erst sechs Jahre alt. Man unterzog sie allerlei Untersuchungen, und schließlich galt es, auf die Ergebnisse zu warten. Lucy aber ging es wirklich schlecht, und Karen, ihre Mutter, machte sich große Sorgen. Dummerweise war auch noch ihr Mann auf Geschäftsreise, sodass sie ihn nicht erreichen konnte. Also nahm sie Lucys Hand und betete für die Gesundheit ihrer Tochter. Im Laufe des Tages schien es Lucy besser zu gehen, doch die Krankenschwestern behielten sie fest im Auge.
Am frühen Abend ging Karen weg, um ihren Mann anzurufen und eine Tasse Tee zu trinken, die sie jetzt bitter nötig hatte. Als sie ans Bett ihrer Tochter zurückkehrte,

stellte sie erstaunt fest, dass das Mädchen über das ganze Gesicht lachte. »Geht es dir besser, Liebes?«, fragte Karen erfreut.
»Ja, Mama!«, antwortete Lucy. »Großmama hat mich zum Lachen gebracht. Hast du ihr auch eine Tasse Tee geholt?« Lucy sah auf den leeren Stuhl auf der anderen Seite des Bettes und kicherte. Karen aber nahm ihre Tochter in den Arm.
»Mama, jetzt ist sie weg! Du hast sie verpasst«, rief Lucy da. »Sie hatte so ein hübsches silbernes Kleid an.«
In diesem Moment verstand Karen und sagte laut: »Danke, Mutter«! Karens Mutter war vor etwa einem Jahr gestorben, doch offenkundig, so erkannte Karen tief bewegt, nahm sie sich immer noch ihrer kleinen Enkelin an.
Dies ist nur eine weitere Geschichte, die belegt, wie nahe Großeltern ihren Enkeln manchmal sind, selbst wenn sie den letzten Atemzug längst getan haben.

Ein himmlischer Schlüssel!

Wir sehnen uns so sehr nach Liebe, dass wir beständig nach ihr suchen. Wir suchen sie in anderen Menschen, aber auch in materiellen Gütern, im Essen und sogar im Kontakt mit Tieren. Der Wendepunkt auf Ihrem Weg ist dann gekommen, wenn Sie begreifen, dass Sie keine Liebe von außen brauchen – Sie *sind* Liebe. Erst dann haben Sie sich so weit geöffnet, dass Sie Liebe geben und empfangen können.

Allumfassende Liebe

Menschen, die einem Engel begegnet sind, ringen oft um Worte, die diese unglaubliche Erfahrung beschreiben sollen. Denn gewöhnlich lässt uns die Sprache dabei im Stich. Das Ereignis ist so einzigartig, dass es sich der Beschreibung nicht selten entzieht. Das Leben der Betroffenen aber verändert sich dadurch deutlich. Ganz sicher war dies bei Dawn der Fall. Als sie versuchte, die Liebe zu beschreiben, die sie durchströmte, als sie einem Engel begegnete, versagte ihr die Stimme.

Dawn ist eine junge Mutter und als solche natürlich ständig im Stress. Dazu kamen in ihrem Fall noch schwerwiegende persönliche Probleme und eine tiefe Trauer. Die Tage liefen gleichförmig dahin, doch Dawns Situation verbesserte sich kein bisschen. Ihre Stimmung hingegen wurde beinahe unmerklich immer schlechter, bis ihr eines Tages alles zu viel war. Die Tränen strömten ihr über die Wangen, ohne dass sie etwas dagegen tun konnte, und sie fühlte sich, als würde ihr Herz einfach zerbrechen. Den ganzen Tag lang schluchzte sie immer wieder vor sich hin. Nur als sie die Kinder zu Bett brachte, schaffte sie es, für kurze Zeit an sich zu halten. Der Aufruhr der Gefühle riss sie mit sich fort, und Dawn merkte, dass sie wirklich am Ende war. Obwohl es noch früh am Abend war, zog sie sich ins Bett zurück. Sie wollte allein sein und nachdenken. Deshalb zog sie die Vorhänge zu und sperrte so das Licht des Abends aus.

Wahrscheinlich würde sie ohnehin nicht schlafen können, dachte sie. Doch sie war so erschöpft, dass sie sich einfach ausruhen musste. Im Bett wurde sie ruhiger und entspannte sich zusehends. Da fiel ihr Blick auf die Schlafzimmerdecke, wo goldene Lichtpunkte auf und ab tanzten. Auch eine seltsame Schattengestalt zeichnete sich dort ab. Die Vorhänge aber waren geschlossen, und es war draußen noch viel zu hell. Das Licht im Zimmer konnte keine Schatten werfen!

Woher also kam er? Dawn hatte nicht die geringste Ahnung. »Vielleicht sind meine Augen ja überanstrengt vom vielen Weinen, und die Funken kommen daher? So ähnlich wie bei der Migräne«, fragte sie sich. Sie stand auf und ging zum Fenster. Draußen schien alles normal. Auch dort fand sich keine Erklärung für die tanzenden Lichter. Das alles war höchst merkwürdig, dachte Dawn, bevor sie wieder zu Bett ging, um sich weiter die »Licht- und Schattenspiele« anzusehen.

An diesem Punkt füllte sich der Raum auf einmal blitzartig mit strahlendem Licht. Dawn richtete sich kerzengerade im Bett auf und starrte ungläubig auf das Schauspiel, das sich ihren Augen bot: Das Zimmer war mit einem Mal voller Engel. Wohin sie ihren Blick auch richtete, sah sie eine der himmlischen Kreaturen. Der Anblick war überwältigend, doch Dawn verspürte keine Furcht. Tatsächlich empfand sie dabei inniges Glück.

Plötzlich aber löste sich ein Engel aus der Schar und flog direkt auf Dawn zu, um auf Höhe ihres Gesichts zu verharren. Dawn war wie verzaubert. Die Gestalt war offensichtlich jung, sehr schön und von weißem Licht umhüllt. Sie hatte winzige, zerbrechlich wirkende Flügel. Ihr Haar schien zu leuchten, dabei flatterte es stetig nach hinten, als würde eine leichte Brise es über ihre Schultern wehen. Ganz langsam streckte der Engel seine Hand aus und berührte Dawns Gesicht. Wenn sie heute versucht, diesen Moment zu beschreiben, versagen ihr die Worte. Es war, so meinte sie, reine Liebe. Eine Art von allumfassender Liebe, wie sie sie nie zuvor erfahren hatte. Aus diesem Grund ist ihr diese Erfahrung so unglaublich teuer.

Dawn saß vollkommen unbeweglich, während sich rundherum die Engel wiegten, als sei für einen kurzen Moment der Himmel auf Erden angebrochen. Still und leise begann die Vision zu verblassen. Schließlich war auch der letzte Engel verschwunden. Die Decke war weiß wie immer, und der Raum schien völlig normal. Dawn hingegen würde nie wieder dieselbe sein! Sie erzählte, sie habe sich gefühlt, als hülle sie jemand in Watte, jemand, der sie liebte und beschützte. Von diesem Moment an, wusste sie, würde sie sich nie wieder allein fühlen. Am nächsten Tag war Dawn energiegeladen wie nie zuvor. Eine neue Hoffnung ist in ihr aufgekeimt, jetzt, wo sie die allumfassende Liebe erfahren hat.

Engelgebet

Möge der Engel der Liebe mich mit Vertrauen umgeben.
Mögen die Meere mich mit Licht
und göttlicher Entschlossenheit erfüllen.
Ich feiere die Schönheit des Lebens
in all seiner Freude und Liebe.

Ein Engel für immer und ewig

Großmutter war das Band, das die ganze Familie zusammenhielt. Die fröhliche, launige und stets zu Scherzen aufgelegte Matriarchin wurde von allen verehrt, die sie kannten. Paula nannte die alte Dame »Nana«, seit sie ein kleines Mädchen war. Nana war Paulas Großmutter und gleichzeitig ihre beste Freundin. Ganz egal, wie schlimm die Dinge auch immer stehen mochten, Nana brachte Paula zum Lachen, und das kleine Mädchen liebte sie dafür mit der ganzen Kraft ihres kindlichen Herzens.

Nana, die innerlich jung geblieben war, sah auch um Jahre jünger aus, als sie in Wirklichkeit war. Von Beruf Buchhändlerin zog ihre witzige Natur viele Kunden an. Viele kamen nur, weil es Spaß machte, mit Nana zu reden, die zweifelsohne eine einzigartige Persönlichkeit war und das Leben über alles liebte. Das ging so weit, dass sich niemand ein Leben ohne Nana vorstellen konnte.

Als Nana starb, war Paula untröstlich. Da Nana kerngesund zu sein schien, hatte die kurze Zeit ihrer Krankheit jeden überrascht. Zu Paulas großem Kummer hatte sie keine Gelegenheit mehr gehabt, sich von ihrer Großmutter zu verabschieden und ihr zu sagen, wie lieb sie sie hatte. Und so war es für Paula tröstlich zu wissen, dass Nana starb, wie sie gelebt hatte: mit einem Lächeln auf den Lippen. Die Familienmitglieder, die ihr bis zum letzten Atemzug beigestanden hatten, berichteten, Nana habe wohl ihren Mann gesehen, der einige Jahre vor ihr gestorben war. »Ich kann Großvater sehen«, hatte sie gesagt: »Er lächelt mir zu.« Kurz darauf hatte sie die Welt verlassen, um wieder bei ihm zu sein.

Am schlimmsten war die Trauer für Paula kurz nach der Beerdigung. Sie vermisste ihre Oma und hatte daneben auch noch mit persönlichen Problemen zu kämpfen. Sie fühlte sich körperlich und seelisch total ausgelaugt. Eines Abends saß sie allein zu Hause und ließ den Kopf hängen. Sie zündete eine Duftkerze an und setzte sich zum Meditieren zurecht in der Hoffnung, dadurch ein wenig inneren Frieden zu finden. Das blaue Flämmchen tanzte gemütlich über ihrem Kaminsims, und Paula gab sich ihren Erinnerungen hin. Doch da sie so müde war, nickte sie schnell ein.

Kurze Zeit später ließ ein seltsames Krachen sie hochschrecken. Zu ihrem Entsetzen sah sie, dass die Kerze auf dem Kamin eine daneben stehende Postkarte in Brand gesetzt hatte. Nun züngelten die Flammen schon an der Tapete hoch. Panisch rannte Paula in die Küche, kehrte mit einer Schüssel voll Wasser zurück und kippte diese über den Brandherd. Glücklicherweise genügte dies, um das Feuer zu löschen, doch Paula begann heftig zu zittern bei dem Gedanken, was hätte passieren können, wenn sie nicht aufgewacht wäre. Sie war ja so müde gewesen. Sorgen und Trauer hatten ihr seit Tagen den Schlaf geraubt, sodass sie wirklich in tiefen Schlummer verfallen war. Was aber hatte im entscheidenden Moment so laut gekracht, dass sie aufgewacht war, fragte sich Paula verwirrt.

Erschöpft zog sie sich in ihr Schlafzimmer zurück. Sie

wusste, dass sie Glück gehabt hatte, doch sie fühlte sich immer noch schrecklich allein. Als sie den Raum betrat, schaltete sich plötzlich ihr CD-Spieler ein, der seit Jahren kaputt war. Ätherische Weisen hüllten sie ein: Harfenklänge erfüllten den Raum und legten sich tröstlich auf Paulas aufgewühlte Seele. Mittendrin erklang mit einem Mal laut und deutlich eine bekannte Stimme. Es war Nana, die sagte: »Paula, ich habe dich lieb.« Paula meint, sie werde diesen wunderbaren Moment nie im Leben vergessen. Und sie sei sich absolut sicher, dass dieser Engel ihr auf immer und ewig beistehen werde.

Engelsegen

Möge der Segen des Glaubens und der Liebe
dir die Kraft geben, das Leuchten der Engel
in dein Herz und deine Seele zu lassen.

Nachwort

Wir haben in diesem Buch zahlreiche wunderbare Geschichten über den Beistand der Engel gelesen. Obwohl nicht jeder Mensch das Glück hat, einem Engel persönlich zu begegnen, können wir doch – wie die praktischen Tipps zeigen – alle ein wenig Raum für die Engel in unserem Leben schaffen. Wenn Sie mit Ihren geistigen Führern arbeiten, ist das Allerwichtigste die Art, wie Sie Ihr tägliches Leben gestalten. Nur wenn Sie Ihren Alltag mit Eifer und Hingabe leben, wird er Ihnen lebendige Kraft schenken. Wenn wir im Augenblick leben und unserem höchsten Selbst treu sind, wenn wir Mitgefühl, Liebe und Vertrauen entwickeln, dürfen wir sicher sein, dass wir früher oder später unserem persönlichen Schutzengel begegnen, der uns auf immer und ewig begleiten wird.

Danksagung

Wir möchten den nachstehend aufgeführten Menschen für ihre Hilfe, Einsicht und Liebe danken. Sie haben uns Unterstützung und Vertrauen entgegengebracht, sodass dieses Buch überhaupt erst möglich wurde:

Judith Kendra, Sue Lascelles, Sarah Bennie, Caroline Newbury, David Parrish, Mark Thallander, Christopher Watt, Barbara Moulton, Evelyn Dalton, David Jeans und der Organisation *World Angel Day* (www.worldangelday.com), Ross Eckersley, Rachel Eckersley, Edward Potten, Gillian und Michael Smith, Mary Bullough, Greta Woolf, Suzannah James, Janice O'Gara, Rev. Gillian Gordon, Carolyn Burdet, Patty Q, Joan Evans, Stella Morris und dem Leuten vom *Sweeten's Book Shop*, Pamela und Roy Cuthbert, David Lomax, Valerie und August Bagarozzi, Emma Heathcote-James, Jacky Newcomb und Joan Youd.

Von Herzen danken möchten wir auch all jenen Menschen, die uns erlaubt haben, ihre Beiträge hier abzudrucken:

Joan Adamson, Rev. Beryl Allerton, Saskia van Altena, Rev. Brian Anderson, Isabel M. Asher, Paul Aynsley, Mary Barnes, Kathy Beauchamp, Margaret Bentley, Therese Benzuidenhout, Belinda Bras-Nel, Dawn Carney, Christine Chapman, Melissa Challinor, Jacqueline Christy, Shirley Clark, Brenda Cook, Debe Conway, Ralph Conway, Rev. Bill Darlison, Heather Delo, Carol Dickson, Karen Eccleston, Maria Gryzlova, Normann Hannagen, Irene Hartley, Deb Hollis, Alan Hughes, Louise Hyland, Paula James, Raksha M. Khan, Wendy Lawson, Sean Lucas, Suzannah Newton, Pauline O'Gara, Gwen Owen, Marie Pandolfo, Kate Philips, Lily Philips, Craig Ross, Stephen Rowen, Maxine Scales, Jane Simpson, Wan H. Tonothy und Fiona Williams.